TECHNIQUES PSYCHOSOCIALES ET RESSOURCES HUMAINES

CHEZ LE MÊME ÉDITEUR
DANS LA MÊME COLLECTION

A. BELTRAN et M. RUFFAT
Culture d'entreprise et Histoire

L. BOYER et N. ÉQUILBEY
Histoire du management

G. CORNU
Sémiologie de l'image dans la publicité

A. COURTOIS, Ch. MARTIN et C. PILLET
Gestion de production

J.-F. DAIGNE
Management en période de crise – Aspects stratégiques, financiers et sociaux

T. HELLER
La Communication audiovisuelle d'entreprise. Le discours des apparences

F. KOLB et A. HERMANN
Informatique et organisation

B. LE BRETON
Systèmes experts en gestion, avec 3 études de cas

B. LEMPEN
Les enjeux politiques et sociaux de l'informatique

B. LUSSATO et B. FRANCE-LANORD
La vidéomatique : de Gutenberg aux nouvelles technologies de la communication

P. MORIN
Le management et le pouvoir

D. PEMARTIN
L'entreprise vue par ses salariés ; mentalités et représentations collectives, systèmes de valeurs, stéréotypes, mythes, rumeurs

J. SORNET
Méthode de développement micro-informatique

L. VERAN
La prise de décision dans les organisations. Réactivité et changement

E.O. Sup

Martine GOSSE

TECHNIQUES PSYCHOSOCIALES ET RESSOURCES HUMAINES

LES ÉDITIONS D'ORGANISATION

AUX ÉDITIONS D'ORGANISATION UNIVERSITÉ

Dans la collection Méthod'Sup

Rapports de stage et mémoires, B. CAMUS
L'entretien aux examens et concours, G. DELAIRE
L'anti-stress de l'étudiant, J.-C. DORTU
Réussir le résumé de texte, F. GICQUEL
Savoir se documenter, G. LEFORT
Objectif ingénieur : optimiser son temps en « prépa », A. LOFFICIER
Trois clés pour l'efficacité de l'étudiant, A. LOFFICIER
Comment mieux apprendre l'anglais, J.-P. NARCY
Des méthodes pour apprendre, M. ROMAINVILLE et C. GENTILE
Comment développer sa mémoire, P. DE SAINTE-LORETTE et J. MARZÉ
De l'écrit universitaire à l'écrit professionnel, C. SARTOUT
L'exposé oral, R. SIMONET

Dans la collection Travail à Grande Efficacité :

Maths-Fi en 12 questions et 60 exercices et cas corrigés, M.-P. ALBER
L'étude de cas en marketing, V. AMIEL
Etudes de cas et exercices corrigés en gestion de production, J. BENICHOU et D. MALHIET
Statistique appliquée en 12 questions et 120 exemples, S. BLUMENTHAL
Les Techniques de la vidéo institutionnelle en 10 questions pratiques et 59 remarques, Y. CHAMONT
Economie générale en 32 questions de cours, P. CELHAY
Bases mathématiques pour l'économie et la gestion, T1 et T2, G. COURTADE
La Communication audiovisuelle en 23 exemples, 160 exercices, 51 suggestions pratiques, G. CROUSSY
Technique et culture commerciales, sujets commentés et corrigés, M. DUMOULIN
Compta-géné, initiation en 11 questions progressives et 46 applications corrigées, A. LABAN
Statistiques descriptives en 12 épreuves de synthèse, Ch. LABENNE
L'Etude de cas en commerce international. Questions pratiques raisonnées, P.-G. de LENTDECKER
La Grammaire anglaise facilitée en 67 explications et 340 exercices, J. et G. LE TELLIER
Anglais commercial et des affaires en 300 exercices, J. et G. LE TELLIER
La Gestion financière de l'entreprise en 12 questions de cours, D. PESTRE-ROIRE
La Fiscalité en 35 questions de cours, D. PESTRE-ROIRE
Les attitudes, questions, exercices et exemples, Cl. TAPIA et P. ROUSSAY
Droit constitutionnel : la France, les institutions communautaires européennes, D. TOURET
Le traitement des données en marketing, J.-P. VEDRINE

Dans la collection Campus Entreprise – Université :

Communication et organisation, A. BARTOLI
Diagnostic et changement : l'intervention des consultants dans les organisations, C. BOTTIN
Stratégie de redéploiement de l'entreprise, Ch. CADIOU
Qualité et management stratégiques, Ph. HERMEL
Stratégies technologiques et processus d'innovation, R. LARUE DE TOURNEMINE

Dans la collection Les Classiques E.O. :

Stratégie et développement de l'entreprise, H. I. ANSOFF
Stratégies et structures de l'entreprise, A. CHANDLER
Adapter les structures de l'entreprise, P. LAWRENCE et J. W. LORSCH
Approches systémiques des organisations, J. MÉLÈSE
Organisation du travail et économie des entreprises, W. TAYLOR, textes choisis par F. VATIN

ISBN : 2-7081-1433-6

Sommaire

Deuxième partie
LES APPLICATIONS

Introduction

L'une des fonctions de la psychologie sociale est d'élaborer des méthodes et des techniques de recueil de l'information et de les mettre à la disposition des divers acteurs économiques et sociaux.

Quatre parmi ces techniques – l'observation, le questionnaire, l'entretien individuel et l'entretien de groupe – sont de précieux outils pour ceux qui ont la charge de gérer les ressources humaines de l'entreprise à condition qu'ils les maîtrisent bien et sachent les utiliser à la fois avec rigueur et simplicité.

Ce livre s'adresse à la fois aux étudiants en psychologie sociale, en psychologie du travail, en sciences humaines, en gestion, en communication qui souhaitent entreprendre une carrière dans le secteur des ressources humaines et aux professionnels en charge de ces secteurs mais qui n'ont pas bénéficié au moment de leurs études d'une formation approfondie en psychologie sociale. Il s'adresse aussi aux professionnels chevronnés pour qu'ils puissent faire le point sur leur pratique.

Dans une première partie, il présente donc d'une façon simple qui fait ressortir l'essentiel les quatre méthodes de recueil de l'information que sont l'observation, le questionnaire, l'entretien individuel et l'entretien de groupe. Dans une deuxième partie, il montre comment utiliser ces techniques dans leurs champs d'application dans l'entreprise, par exemple pour mener une analyse de postes et de fonctions, pour recruter le personnel, pour évaluer les formations, pour procéder à un audit social.

Première partie

LES TECHNIQUES

Chapitre 1

L'OBSERVATION

Méthode des plus fondamentales en sciences sociales, sinon la plus ancienne : A. BINET disait en 1908 qu'elle consistait à débrouiller l'écheveau d'un phénomène. Faculté que tout un chacun peut pratiquer ? Certes, mais en 1968 LINDZEY (1) démontre que c'est un instrument scientifique en expliquant que l'observation en sciences humaines est la sélection, la provocation, l'enregistrement et le codage de l'ensemble de données et de cas à des fins empiriques. H. CHAUCHAT en 1985 la situe sur le même plan que l'entretien et le questionnaire, en affirmant que la construction des instruments d'observation et l'observation elle-même interviennent après un long travail de préparation préalable, cadre conceptuel de recherche, hypothèse de recherche, définition de population (2). R. BOUDON reprend le même type d'assertion en disant que l'intensité de l'observation supplée dans une certaine mesure à sa faible extension et montre que l'analyse des cas obéit aux mêmes principes logiques que les études quantitatives (3).

Par l'observation, on peut *porter attention* :

– à une personne ;

---

(1) G. LINDZEY and E. ARONSON, *Handbook of Social Psychology*, Addison Wesley, 1968.

(2) H. CHAUCHAT, *L'Enquête en psycho-sociologie*, PUF, Paris, 1985.

(3) R. BOUDON, *Les Méthodes en sociologie*, PUF, Que sais-je ? n° 1334, Paris, 1976.

– à un groupe ;
– à un événement ;
– au contexte et au champ dans lequel évolue la personne ou le groupe ;
– aux productions des personnes, des groupes, sur les plans écrit, verbal, comportemental, graphique.

Les différentes techniques d'observation

Pour observer, on peut se servir de *plusieurs techniques* :
– l'auto-observation, utilisée à des fins de prise de conscience d'activité ou d'attitude (journal de bord en analyse de poste...),
– l'observation directe ou derrière une caméra,
– l'observation systématique de comportements provoqués avec outils élaborés (grilles),

et selon la position de l'observateur,
– l'observation éthologique, en présence ouverte, mais qui se fait oublier,
– l'observation participante dans laquelle l'observateur est reconnu et participe lui-même aux activités observées,
– l'observation cachée, derrière un miroir sans tain,

et enfin
– l'observation multiple qui utilise plusieurs outils et plusieurs contextes référentiels.

On a dit que c'est une méthode *déformante*, car, s'appliquant à décrire de l'extérieur des comportements et des attitudes, elle est soumise à la perturbation déréaliste de la perception : perspective que les psychologues décrivent comme une capacité à tendance nivelante ou accentuante. R. MUCCHIELLI explique très bien que « l'activité percevante n'a rien d'un enregistrement filmique : c'est une sélection, un décodage, une reconstruction où jouent la mémoire, l'habitude, l'imaginaire et la structure de l'espace et du temps. » (4) Il est certain qu'un entraînement s'impose dans ce domaine quand on veut pratiquer des observations.

---

(4) R. MUCCHIELLI, *L'Observation psychologique et psychosociologique*, Entreprise moderne d'édition, ESF, 1974.

Lié à cette difficulté, le fait que les individus que l'on observe réagissent à ce regard porté sur eux, du moins dans la plupart des situations d'observation ; se sentant sur la sellette, ils peuvent adopter des attitudes atypiques et totalement différentes de leur comportement habituel.

Mais c'est aussi une méthode *performante*, car elle propose une gamme très variée de types d'observation, adaptables à un grand nombre de situations. De plus, fournissant des données concrètes d'une part, quantifiables d'autre part, elle permet d'établir des diagnostics et aussi des pronostics.

Ici, elle est présentée comme une autre méthode de questionner, une manière différente d'interroger l'activité humaine de l'entreprise, moins connue que le questionnaire ou l'entretien.

Méthode d'observation « armée »

Pour les entreprises et les organisations, l'observation systématique ou « armée » de grille sera la plus intéressante et la plus pertinente : comme les autres techniques psychosociales, elle demande un certain nombre de séquences traditionnelles :

1. reconnaissance du terrain ;
2. construction d'un outil, la grille d'observation ;
3. recueil des données sur le terrain ;
4. analyse des résultats.

PHASE 1 – RECONNAISSANCE DU TERRAIN

Après la détermination d'un projet d'étude (analyse de poste, par exemple voir p. 74) l'essentiel consiste à se rendre sur le terrain de la future observation afin de procéder à un repérage général de la situation.

– Dans un premier temps, c'est pour « s'imprégner » des conditions et des limites imposées par le contexte matériel et social : conditions spatio-temporelles (Y a-t-il des horaires plus propices à l'observation que d'autres ? Est-il possible d'installer un poste d'observation assis ?), limites (impossibilité de voir de dos les manipulations sur le clavier d'un technicien en informatique), etc.

Ce premier contact permet de noter, en papier-crayon, comme disent les psychologues, les traits les plus saillants qui vont servir de point de départ au montage complet de l'observation. Une première analyse des renseignements recueillis va amener à dessiner un tableau constitué d'éléments reconnus comme sujets d'observation possibles, qui va servir de *feuille de repérage* pour le deuxième temps.

Fiche de repérage sur le terrain

Dans une banque, observation des files d'attente devant trois guichets, afin de procéder à une amélioration du trafic dans le hall habituellement encombré de files inorganisées de gens plutôt mécontents d'attendre : il n'est pas rare que des incidents éclatent plusieurs fois par jour.

Après une phase de reconnaissance sur le terrain, on constate quatre attitudes majeures dans les files :

1. indifférence, calme, consultation de papiers ;
2. début d'énervement, regards vers le guichetier, murmures... ;
3. agacement déclaré, agression du guichetier, appel aux voisins... ;
4. action, changement de file, départ.

Il y a cinq types de clients : homme, femme, jeune, moins jeune, âgé. Ils peuvent être seuls, accompagnés d'adultes ou d'enfants (avec poussette par exemple). La durée moyenne d'attente est de 5 minutes : une personne commence à perdre son calme après 3 minutes.

– Dans un deuxième temps, retour sur le terrain avec ce document pour en vérifier le contenu, puis le tester en quelque sorte au contact des faits réels : il sera enrichi aussi d'autres détails qui avaient échappé au cours de la première partie ou qui répondent à des interrogations de l'analyse précédente. Une certaine quantification peut être entreprise pour appuyer les observations.

Analyse et synthèse des données ainsi recueillies apportent de quoi fonder la deuxième phase.

PHASE 2 – CONSTRUCTION DE L'OUTIL D'OBSERVATION (GRILLE)

Traditionnellement, l'outil principal d'une observation est nommée *grille* : par là, on entend un dispositif à double entrée, voire triple, sur lequel l'observateur va cocher sous forme de repères ou de chiffres ce qu'il voit, entend, assimile du « spectacle » qui se déroule devant lui.

Des faits retenus en première phase vont être déduits des catégories obtenues après un classement ou une sériation systématiques : des activités légèrement différentes vont être regroupées sous un titre plus générique, le temps mis pour les réaliser présenté en séquences (par heure, minute, etc.).

La grille réalisée est *opératoire* (exemple page suivante) : avec elle, l'observateur sait que regarder et noter ; il le fait facilement car les termes en ont été longuement étudiés et analysés. L'opération est ciblée.

Avant d'entreprendre l'observation dans sa phase définitive, il sera intéressant de procéder à un essai de la grille, pour vérifier sa valeur et la façon dont elle peut et doit être employée. Cette précaution prise, une refonte peut s'avérer nécessaire.

PHASE 3 – RECUEIL D'OBSERVATIONS SUR LE TERRAIN

Dans une organisation ou une entreprise quelle qu'elle soit, il n'est pas possible d'entreprendre des observations sur le terrain sans en avoir auparavant démontré la nécessité et l'opportunité : un planning des opérations devra en outre être soumis à l'accord des parties en jeu. Organiser avec précision l'observation est aussi une manière de la mener à bien.

Les phases 1 et 2 ont permis de se rendre compte que certains moments mieux que d'autres étaient pertinents à observer (heures de pointe, reprise après les pauses) pour les comparer avec les temps ordinaires ou banals ; qu'il fallait différencier une observation faite sous la lumière électrique de celle réalisée en lumière solaire, qu'il était nécessaire d'observer et des hommes et des femmes, des plus jeunes et des moins jeunes, etc.

Exemple de grille (une feuille par personne)
Observation des files d'attente

ATTITUDES	1′	2′	3′			4′				5′				
			15″	30″	45″	60″	15″	30″	45″	60″	15″	30″		

TOTAL														

LÉGENDE :

CALME

MIMIQUES D'AGACEMENT

MANIFESTATIONS D'AGACEMENT

ACTION

(entourer le type de personne observée)

 personnes accompagnées

 personnes accompagnées d'enfants

 hommes seuls

 femmes seules

J JEUNES

M ÂGE MOYEN

A ÂGÉS

Nota : les « événements importants » sont à observer après les 3′ d'attente, sont à regarder en détail par séquences de 15″.

Le plan de recueil des observations comprendra donc des indications très précises sur les lieux d'observation, la nature de l'observation, les horaires choisis ; cette nécessaire préparation devient impérative dans le cas où plusieurs personnes vont observer.

KANTER assure que la valeur et la fidélité de l'observation reposent sur la consistance des observateurs (5). Mais qu'est-ce qu'un observateur ?

A la fois un traducteur des informations qu'il reçoit et qu'il code sur la grille, et un opérateur lié à l'observation, partie active agissant sur les sujets observés.

Donc, peuvent être mises en cause sa neutralité et son objectivité, en bref son sens de l'observation : celui-ci doit être canalisé sur une ligne de conduite et d'apprentissage.

« L'absence d'entraînement à effectuer des mesures conduit à raisonner en termes de stéréotypes », affirme P. LEBEL (6).

Pour garantir la valeur de l'opération, les observateurs participeront à une formation qui peut se dérouler de la façon suivante :

- prendre connaissance en détail du programme prévu ;
- essayer les grilles et comparer les résultats obtenus afin d'ajuster la manière de coder et de noter les repères ;
- s'interroger sur les différences individuelles de jugement et sur les cas aberrants des observations ;
- se mettre d'accord sur la répartition de tâches dans le temps et l'espace s'il y a lieu.

PHASE 4 – ANALYSE DES RÉSULTATS

Les grilles remplies vont donner lieu à dépouillement, c'est-à-dire que le responsable de l'observation va analyser les informations recueillies poste par poste ; il peut aussi procéder à des comptages ; de l'ensemble se dégagera une description complète et précise des faits observés ; certains aspects pourront surprendre en révélant des dimensions ignorées jusque-là.

Mais il est possible d'aller plus avant dans le traitement des résultats en faisant l'analyse d'un très grand nombre de grilles, quand le

(5) K. R. KANTER, *Les Enjeux de l'observation*, PUF, Paris, 1982.

(6) P. LEBEL, *Métrologie des communications*, Entreprise Moderne d'Edition, ESF, Paris, 1980.

besoin apparaît de forger un outil pronostic pour un groupe important d'individus. Le traitement des données devient statistique : des calculs de moyennes, écarts-types, corrélations, etc. seront réalisés, fourniront des modèles et profils, pour prévoir des actions précises dans des projets de gestion de ressources humaines (voir p. 79).

Bibliographie de l'observation

A. Blanchet et al.
Les Techniques d'enquête en sciences sociales, Dunod, Paris, 1987.

R. Boudon
Les Méthodes en sociologie, PUF, Que sais-je ? n° 1334, Paris, 1976.

H. Chauchat
L'Enquête en psychologie, PUF, Paris, 1985.

L. Festinger et D. Katz
Les Méthodes de recherche dans les sciences sociales, 1959, PUF, Paris, 1975.

P. Lebel
Métrologie des communications, ESF, Paris, 1980.

K. R. Kanter
Les Enjeux de l'observation, PUF, Paris, 1982.

G. Lindzey et E. Aronson
Handbook of Social Psychology, Addison Wesley, 1968.

R. Mucchielli
L'Observation psychologique et psychosociologique, Entreprise moderne d'édition, ESF, Paris, 1974.

Chapitre 2

LE QUESTIONNAIRE

Quand choisir la méthode du questionnaire ? Pour recueillir des données quantitatives, c'est-à-dire chiffrées, à propos de faits, d'opinions, de représentations.

Le questionnaire permet :
- l'obtention de pourcentages pour chaque question posée (tri simple) ;
- la présentation de tableaux à double entrée, établis après des tris croisés ou matriciels de questions, pour désigner des groupes ou sous-groupes d'opinions ;
- l'analyse psychologique de ces résultats, infirmant ou confirmant les interrogations posées par le questionnaire.

Avant le démarrage

Avant le démarrage d'une « opération questionnaire », il est indispensable de procéder à un certain nombre de vérifications sur l'existence ou non de facteurs favorables à cette démarche. Elles concernent :

– la valeur du thème du questionnaire qui est à mesurer en fonction de l'intérêt qu'il suscite dans l'entreprise et de l'enjeu qu'il représente pour elle ; pour être crédible, il correspondra à une réelle interrogation ou à un réel problème ; (ne pas oublier aussi que de nombreuses consultations à tout propos, à tout moment engendrent lassitude et dédain) ;

– le facteur temps qui ne doit pas être négligé ; en effet, réaliser un questionnaire demande un certain nombre d'heures de travail à consacrer à beaucoup d'activités, depuis la recherche documentaire sur le thème, en passant par l'écriture des questions, le montage graphique, l'envoi des questionnaires et leur retour, jusqu'à l'analyse statistique et l'exploitation de leurs données ;

– le climat de l'entreprise qui risque, s'il est mauvais, d'entraver le déroulement du recueil d'opinions et de fournir des résultats ou incomplets ou biaisés, donnés par un personnel qui ne se sentirait pas impliqué ; un remède éventuel consiste à utiliser, pour présenter les objectifs et les attentes de l'opération questionnaire, l'aide des médias internes, parution d'articles dans le journal d'entreprise, voie d'affichage ou de tout autre support existant dans l'organisation.

Les dix étapes de l'élaboration d'un questionnaire

Dix étapes sont nécessaires à l'élaboration d'un questionnaire :

1 DÉFINITION DU THÈME

2 PRÉPARATION DU PLANNING

3 ÉTUDE DE LA POPULATION QUI RÉPONDRA AU QUESTIONNAIRE

4 RÉDACTION DES QUESTIONS

5 PREMIÈRE MISE EN PAGE DU QUESTIONNAIRE

6 ESSAI DU QUESTIONNAIRE (PRÉ-TEST)

7 DEUXIÈME MISE EN PAGE DU QUESTIONNAIRE

8 PASSATION

9 ANALYSE DES RÉSULATS

10 PRÉSENTATION DES RÉSULATS

1 DÉFINITION DU THÈME

Elle se fait en deux temps.

1er temps

Quand l'idée d'un projet de sondage par questionnaire est lancée dans une organisation, elle ne peut suffire dans sa simplicité à fournir immédiatement suffisamment d'aliments pour préparer les questions : un temps de recherche autour de l'idée (thème) s'avère indispensable pour constituer un dossier informatif, c'est-à-dire un dossier regroupant une somme de renseignements utiles à sa définition et à sa précision. C'est ainsi que s'imposent :

– l'élaboration d'une documentation qui permettra de compulser et de collecter des documents écrits, articles de journaux, extraits d'ouvrages, résultats d'autres enquêtes, et d'en tirer les dimensions d'un approfondissement conceptuel ;

– la consultation d'un certain nombre de personnes par voie informelle, rencontres dans les couloirs, bouche à oreille, et par voie formelle, réclamant un consensus certain pour leur mise en œuvre, entretiens individuels ou de groupe.

2e temps

Il va consister à délimiter le thème en le précisant. Avec la recherche documentaire, un certain nombre de concepts sont apparus ; il va falloir les opérationnaliser, selon l'expression de P. Lazarsfeld, en trois stades (1) :

(1) *In* R. Bourdon, *Les Méthodes en sociologie*, Que sais-je ? PUF, Paris, 1969.

1. les matérialiser sous forme écrite ;
2. en spécifier les dimensions par analyse de leurs composantes ce qui peut donner lieu à sélection de sous-thèmes en cas de questionnaire long ;
3. en choisir les manifestations pouvant être observées à l'aide de questions.

Ce travail aboutira à un plan de construction du questionnaire, avec trois classes de questions :

- questions de démarrage du questionnaire, pour entrer dans le thème et mettre le questionné en condition de répondre aux autres questions ;
- questions centrales, les plus importantes à poser sur le thème ;
- questions complémentaires en fin de questionnaire pour enrichir et élargir le thème central.

2 PRÉPARATION DU PLANNING

Parallèlement à la définition de l'objectif :

a) identifier le groupe de personnes (ou population) qui répondra au questionnaire ;

b) choisir le type de questions qui seront posées, ouvertes ou fermées ; certains questionnaires sur des objectifs simples peuvent fonctionner seulement avec des questions fermées, comme le veut, par exemple, la méthode des abaques de REGNIER (2) qui permet de présenter des résultats de façon spectaculaire en fournissant par logiciel des tableaux hauts en couleur ; la combinaison des deux types de questions facilite un recueil d'informations plus complètes, plus fines et plus travaillées sur le plan statistique, mais demande plus de savoir-faire ;

c) déterminer le type d'édition du questionnaire, traitement de texte ou édition ou impression, et le moyen de duplication correspondant ; cette démarche nécessite des consultations, des délais et des implications budgétaires à prendre en compte dans un planning ;

d) fixer les conditions de réponse au questionnaire, envoi à domicile, passation individuelle ou collective, opération qui, pour réussir, nécessite l'appui et l'aval des dirigeants.

---

(2) Commercialisé par AIRELLE, Paris.

3 ÉTUDE DE LA POPULATION QUI RÉPONDRA AU QUESTIONNAIRE

Afin d'en connaître l'état de santé communicationnel, c'est-à-dire la manière dont elle est prête à remplir le questionnaire, trois angles sont à considérer :

– *Le langage ;* si dans la population se présentent tous les niveaux d'études, le langage des questions sera moins technique que s'il s'adresse à une seule catégorie de personnel, les commerciaux, par exemple, qui ont leur propre « jargon »...

– *L'habitude de répondre à des questionnaires ;* elle s'acquiert comme tout apprentissage ; la teneur et la disposition des questions devront tenir compte du fait que dans l'entreprise, ce fait est une première ou un exercice habituel.

– *La présence ou non d'attitudes majeures, ou préjugés* dans son sein, qui décelées pendant la recherche documentaire pourront être déjouées par la campagne de communication, pour éviter le biais des réponses, c'est-à-dire le risque de déformation systématique des informations.

Dès ce moment, on décidera d'interroger toute la population ou seulement un échantillon. C'est la taille de l'entreprise qui guide le choix : au-dessous de 1 000 personnes, c'est tout le personnel de l'entreprise qui doit être interrogé. Deux raisons parlent en faveur de cette limite :

1. l'existence des logiciels en micro-ordinateur de régime très souple et très rapide permet de résoudre très facilement l'analyse des données sur le plan statistique. C'est leur rentrée qui demandera le plus de temps, réduit par l'adoption d'un plan de codage rigoureux et mis en place au bon moment ;

2. la seconde raison est d'ordre psychologique : sur le plan relationnel (image interne et climat d'entreprise), il paraît plus indiqué de montrer que l'on tient à recueillir l'opinion de tous.

Pour des entreprise de plus de 1 000 personnes, il faut envisager un échantillonnage dont la représentativité doit être la plus fidèle possible. On peut choisir deux méthodes :

– la méthode du modèle réduit ou par quota, de nature non probabiliste, où l'on calcule les pourcentages de personnel à interroger en fonction des données de l'enquête et de l'intérêt à interroger certaines ou toutes les catégories du personnel, classées selon les critères d'identification nécessaires à l'enquête ;

– la méthode du tirage au sort à partir du fichier d'entreprise, par intervalles fixes ou en utilisant une table des nombres au hasard.

4 RÉDACTION DES QUESTIONS

Cette étape s'appelle aussi *phrasing*, parce qu'elle consiste à mettre en phrases les questions à poser en choisissant les mots adéquats. Le contenu est le message, dira-t-on pour paraphraser M. MAC LUHAN, et quand on écrit les questions, on doit garder présent à l'esprit la nécessité d'obtenir avec elles des réponses les plus précises et les plus utiles possibles.

Il existe deux types de questions : les questions fermées et les questions ouvertes.

Les questions fermées

Elles proposent à l'enquêté une réponse préformée à choisir parmi plusieurs propositions. Leur rôle est utile pour obtenir des réponses nettes à analyser, elles sont moins favorables au recueil d'opinions nuancées.

Elles peuvent prendre plusieurs formes :

– *duales* ou dichotomiques, elles proposent deux solutions à choisir : oui ou non, d'accord, pas d'accord...

Types de questions et de consignes

Exemple

– Avez-vous déjà pris la totalité de vos congés annuels ?
(cocher dans la case correspondant à votre choix)

OUI ☐ NON ☐

– *en check-list*, elles demandent au questionné d'élire parmi une liste un ou plusieurs produits, journaux, horaires, etc. Pour une réponse plus efficace, si la liste est particulièrement longue ou ardue, sera présentée une carte que le questionné pourra lire lui-même (en cas de passation avec interviewer) ;

Exemple

– Quel(s) quotidien(s) lisez-vous ?
(cocher dans l'espace réservé à cet effet, plusieurs réponses possibles)

France-Soir	☐	*Le Quotidien de Paris* ..	☐
Le Figaro	☐	*Libération*	☐
Le Monde	☐	*Quotidien régional.*	
Le Parisien	☐	*Lequel ?*	

– *en échelle*, elles permettent au questionné de comparer et de choisir une réponse parmi plusieurs propositions représentées par des chiffres ou des mots, ou les deux.

Exemple

– En cas de grève, quelle est la durée du préavis prévue par la loi ? *(entourer la réponse de votre choix)*

1 jour 5 jours 7 jours 10 jours

– *en cafétéria* ou choix multiples, elles fonctionnent en tableau à double entrée, permettant un choix en double dimension.

Exemple

– Comment la caissière utilise-t-elle son temps ?
(plusieurs réponses possibles, mettre une croix dans les espaces correspondants à vos réponses)

	En service normal	En service dense
ne pourrait guère gagner plus de temps		
organise son service de façon efficace		
pourrait facilement gagner en efficacité		
a beaucoup de mal à organiser son service		

– *en entonnoir*, quand une idée complexe peut être difficilement traitée avec une seule question et demande par palier d'accéder à sa représentation complète, elles permettent d'obtenir des réponses très précises.

Exemple

(cocher dans les cases correspondant à vos choix)

– Avez vous l'intention de suivre des cours de formation continue ?
  Certainement oui ☐
  Certainement non ☐

Si certainement oui

- Quand avez-vous l'intention de commencer ?
  c'est encore un vague projet ☐
  j'envisage bientôt ☐
  j'ai pris une inscription ☐
  autre réponse ....
- Combien de jours pensez-vous y consacrer ?
  1 an ☐ 1 mois ☐ 15 jours ☐ 8 jours ☐
- Quel domaine avez-vous choisi ?
  (mettre le numéro de la réponse choisie dans la liste n° 1.)
- Dans quel organisme, école ou université ?
  (mettre le numéro de la réponse choisie dans la liste n° 2.)

Elles peuvent servir également à composer la fiche signalétique ou d'*identification* avec laquelle on trouve et l'on trie la population de l'enquête.

Exemple

Questions d'identification :
Sexe .... Age ....
Ancienneté dans l'entreprise ....
Profession exercée ....
Direction .... Service ....
Etc.

Les catégories selon lesquelles on peut classer le personnel d'entreprise et en tirer des échantillons, peuvent être les suivantes :

la pyramide des âges	l'ancienneté
la différence de sexe	la grille des salaires
les niveaux d'études	les secteurs de fabrication
les professions	l'implantation hiérarchique
les fonctions	l'implantation géographique...

à choisir en fonction du ou des thèmes du questionnaire.

Chaque question fermée sera pourvue de la consigne la plus claire et la plus appropriée à son type.

Les questions ouvertes

Elles laissent la possibilité au questionné de répondre sans contrainte : un large espace est en général réservé pour inscrire toutes les paroles qu'il prononcera.

Elles servent à recueillir des opinions très personnelles et sont destinées aux questions délicates. Leur traitement est spécial, faute d'un codage précis : il impose une analyse de contenu (3) qui débouche sur un certain nombre de catégories d'opinions. Pour cette raison les questions ouvertes sont utilisées plutôt en pré-enquête, c'est-à-dire au cours d'un essai de questionnaire pour permettre de transformer les catégories d'opinions recueillies en questions fermées à choix multiples ou en suite de questions duales.

Exemple

– Que représente pour vous le fait de travailler avec des horaires à la carte ?

(3) Voir p. 52.

Les questions, qu'elles soient ouvertes ou fermées, doivent être claires, précises, non inductives, courtes.

Claires :
- en étant compréhensibles par tous les questionnés ;
- en représentant clairement l'objet de l'enquête (pas d'interprétations différentes possibles) ;
- en évitant les mots à double sens ;
- en utilisant un vocabulaire simple ;
- en ne proposant qu'une idée par question.

Précises :
- en proposant des choix sur des expériences concrètes et immédiates ;
- en offrant un soutien visuel sous forme de schéma ou de liste dès que la question devient longue ;

Non inductives (ne suggérant pas une réponse, attitude ou réaction, incluse dans la question) :
- en optant pour un vocabulaire sans termes ambigus ou teintés de parti pris ;
- en introduisant des questions dont les réponses ne vont pas de soi, dans le sens de la question ;
- en composant des questions qui n'attireront pas des réactions de gêne à propos de l'expression de sentiments trop personnels.

Courtes :
- en proposant des libellés de questions courts et précis.

Ainsi, devant le souci qu'on lui manifeste de lui faire comprendre l'objet de l'enquête et de respecter son opinion, le questionné sera-t-il mis en confiance. Les occasions de blocage seront par la même occasion moins provoquées et n'entraveront pas l'accueil que le questionné doit faire à toutes les questions.

5 MISE EN PAGE DU QUESTIONNAIRE

En premier lieu, reconsidérer la liste des questions selon :
- qu'elles apportent de l'information sur des faits ou des opinions ;

– qu'elles soient faciles ou difficiles ;
– qu'elles soient ouvertes ou fermées ;
pour les répartir dans chacun des chapitres du questionnaire comme indiqué ci-dessous :

– *en introduction*, pour préparer un climat d'ouverture, *utiliser des questions d'information, faciles et fermées ;*
– *au cœur du questionnaire*, insérer les interrogations centrales du plan de construction du questionnaire, avec *des questions d'information, mais surtout d'opinion, difficiles, ouvertes ou fermées* ;
– *en conclusion*, introduire des questions faisant écho aux interrogations centrales, pour un complément d'information et *utiliser des questions d'information ou d'opinion, faciles et fermées* (dont les questions d'identification généralement mieux placées en fin de questionnaire).

Dans les questionnaires longs où les interrogations centrales comportent plusieurs sous-thèmes, organiser cette séquence pour chacun des sous-thèmes.

La séquence doit se dérouler selon un ordre logique, mais *logique pour le questionné* : on peut la définir aussi en termes de « drama », ouverture, drame (en un ou plusieurs actes) final.

Plus prosaïquement, les auteurs FINK et KOSEKOFF (4) préconisent de poser :
– les questions objectives avant les subjectives ;
– les plus familières avant les moins faciles à remplir ;
– les questions les plus difficiles au milieu ;
– les plus faciles à la fin.

Dans chaque séquence, veiller à :
– *mélanger* les genres de questions, ouvertes, fermées, cafétéria, afin d'éviter la monotonie du questionnement ;
– *moduler* dans chaque genre la présentation ;
– *soigner* le phrasé de chaque question pour essayer d'éviter en particulier les effets négatifs de suggestion et d'induction ;
– *adapter* le contenu des questions au plan de construction du questionnaire. Faire l'essai de validité de contenu des questions en vérifiant que tous les thèmes ont été abordés et que certains n'ont pas été trop sollicités.

---

(4) A. FINK et J. KOSEKOFF, *How to conduct a survey* Sage, London, 1985.

Pour l'ensemble du questionnaire :
- *adapter* le graphisme choisi aux conditions de passation ;
- *prévoir* des consignes de réponse à moduler ou à adopter de façon uniforme ;
- *combiner* le plan de tri de croisement (choix des questions qui croisent) ;
- *rédiger*, en cas de passation sans interviewer (voir p. 41), un préambule au questionnaire pour en expliquer l'enjeu et inviter tout spécialement à y répondre.

6 ESSAI DE QUESTIONNAIRE (PRÉ-TEST)

Avant de lui donner sa forme définitive et parce qu'un certain nombre d'incertitudes demeurent sur :
- la valeur des questions,
- leur libellé,
- l'accueil qui va leur être fait,

il peut être intéressant de mettre sur pied une première confrontation avec le public.

Elle va consister à montrer l'ébauche du questionnaire ou sa maquette à quelques personnes de l'entourage non immédiat afin qu'un regard *différent* soit jeté sur la rédaction et sur la présentation. Ce ne sont pas obligatoirement des personnes de l'entreprise, car le questionnaire peut être l'objet d'un programme « top secret » ; si ce n'est pas le cas, interroger des relais d'information de l'entreprise (encadrement) pourra aussi susciter quelque gêne dans la passation du questionnaire.

La liste des interlocuteurs devra donc être dressée avec soin et tact.

L'ensemble des annotations et critiques relevées devra être considéré avec sérieux et donner lieu à un premier réaménagement de la maquette.

7 TEST ET DEUXIÈME MISE EN PAGE DU QUESTIONNAIRE

Quand la maquette a été réaménagée, plusieurs activités dans l'opération-test sont à réaliser.

– Choisir un échantillon de population d'enquête (en pourcentage, – 10 % de la population paraît une bonne proportion) selon les caractéristiques de la population ou de celles de l'échantillon préparé à partir de l'ensemble du personnel, dans le cas de très grandes entreprises (voir plus haut p. 29).

– Présenter à cet échantillon la maquette remaniée, à remplir avec l'aide d'un interviewer capable de noter et de repérer les imperfections du questionnaire.

Si on n'a pas le temps d'un test, procéder à deux opérations de contrôle :

– *sur le plan de la rédaction,* **observer**
- les questions inutiles
  trop longues
  mal formulées
  incomprises ou mal comprises
  orientées
  facteurs de blocage
- l'ordre des questions
- la clarté des consignes de réponse aux questions,

– *sur le plan de la valeur du questionnaire,* **tester** la validité du questionnaire, ce qui revient à se demander s'il apportera des réponses intéressantes aux interrogations qu'il pose : chaque question sera examinée sous cet angle.

– Réaménager après le test (ou les opérations de contrôle)
- les questions ouvertes, dont l'analyse de contenu (v. p. 52) fournira les éléments des questions à choix multiples ;
- les rédactions déficientes des autres questions ;
- les consignes incomprises.

– Coder le questionnaire en cas de traitement statistique, ce qui ne peut se faire, dans les meilleures conditions, qu'après le choix final de la maquette.

Exemples de codification de questions

Une seule réponse possible
= un code

– Actuellement, comment qualifieriez-vous vos relations avec vos collègues ?

– très bonnes	☐	1	C3 [ ]
– plutôt bonnes	☐	2	(n° de ligne de plan de codification)
– plutôt mauvaises	☐	3	
– très mauvaises	☐	4	

Réponses multiples possibles
= plusieurs codes

Dans votre travail avez-vous suffisamment l'occasion

(une croix à chaque ligne)

	OUI	NON	
• d'utiliser vos compétences ?	1 [ ]	2 [ ]	C4 [ ]
• de prendre des initiatives ?	1 [ ]	2 [ ]	[ ]
• de faire part de vos idées ?	1 [ ]	2 [ ]	[ ]
• de faire profiter les autres de votre expérience ?	1 [ ]	2 [ ]	[ ]

– Prévoir une relecture finale de la maquette, pour pallier les oublis, les erreurs de typographie, fautes d'orthographe, etc. ; il est recommandé d'y procéder à plusieurs et d'y faire intervenir un « naïf » ou personne non impliquée dans les préparatifs du questionnaire.

8 PASSATION

Avec interviewer (passation individuelle)

Elle peut être faite par téléphone, dans le bureau de chacun des questionnés..., à choisir selon les circonstances ; auparavant il sera indiqué de réviser le code de l'interviewer qui prévoit plusieurs démarches.

Avant la passation

- Intérioriser le questionnaire en l'apprenant par cœur de façon à pouvoir déjouer les réactions des questionnés difficiles et les conduire à répondre sans ambiguïté.

Pendant la passation

- S'assurer à chaque rendez-vous du bon choix de la personne (appartenance à l'échantillon ou à la population) et des conditions de fiabilité de la rencontre (autorisations des hiérarchiques).
- Penser à se présenter personnellement et rappeler les circonstances de l'enquête.
- Rappeler au questionné le principe d'anonymat de la consultation.
- Surveiller les attitudes que les questionnés risquent d'adopter : réactions de prestance ou de défense, timidité, blocage, fuite, conformisme qui engendrent des réponses « mécaniques ».
- Pousser les questionnés à remplir les questionnaires complètement pour recueillir toute l'information programmée.

Après la passation

- Remercier, parler des résultats et de la façon dont ils pourront être connus.

Avec interviewer (passation collective)

Avant la passation

- Apprendre par cœur (si l'on est seul interviewer) ou faire apprendre (s'il y a plusieurs opérateurs) le questionnaire.

– Prévoir une salle qui convienne au nombre de personnes convoquées.

Pendant la passation

– S'assurer de la qualité des questionnés, par rapport à l'échantillonnage.
– Se préparer à répondre aux interpellations des questionnés.
– Evoquer la communication des résultats et le suivi de l'opération.

Sans interviewer

Un choix est à faire entre deux solutions, en fixant des dates limites de renvoi du questionnaire :
– envoi par courrier au domicile de chacun
→ prévoir une enveloppe T
– distribution dans les services
→ proposer un lieu de dépôt.
Dans les deux cas, on le rappelle, un préambule détaillé et des consignes très précises essaieront de pallier les inconvénients que l'interviewer apprend à déjouer (voir ci-dessus).

9 ANALYSE DES RÉSULTATS

Avec l'utilisation d'un logiciel, la lecture des données se nourrira de deux types d'éclairage.

Eclairage statistique

On l'obtiendra à partir de :
– l'analyse question par question des comptages dont on tirera des pourcentages et qui permettra des comparaisons de groupes (études de corrélation) = opération tri simple ;
– l'analyse par croisement de chacune des questions par les données d'identification ou par les questions préparées spécialement à cet effet dans la logique du questionnaire qui donnera également des pourcentages et des comparaisons = opération tri croisé ;

– l'analyse par plans matriciels qui permettra la présentation de tableaux de classement des questionnés en fonction des objectifs de l'enquête = opération choix d'axes matriciels.

Eclairage qualitatif

Il donnera une signification aux résultats en privilégiant la rédaction d'un texte d'accompagnement qui spéculera sur la vérification des hypothèses ou des objectifs de départ : il ne s'agit pas seulement de rédiger un commentaire littéraire, mais plutôt de présenter une synthèse psychologique des résultats chiffrés.

10 PRÉSENTATION DES RÉSULTATS

C'est un des aspects majeurs de l'opération : il y a un art de présenter un texte attractif, accompagné de tableaux bien construits et clairs. Il repose sur trois éléments.

Le graphisme

On doit choisir un graphisme de traitement de textes dont les copies seront claires ou d'une maquette d'imprimeur devant aboutir à séduire le lecteur : les éléments de culture existants (papier à en-tête, logo...) seront utilisés selon les marges d'acceptation des publics de l'entreprise.

Le plan de présentation et le style

Le plan de présentation peut être classique ou original, mais il faut un sommaire, une introduction, des annexes, le tout prévoyant une pagination et des repères.

Le style doit être précis et net, avec des phrases courtes, construites simplement, convaincantes dans leur démonstration.

Les illustrations

Les tableaux et schémas doivent être bien répartis dans le texte, édifiés à partir des résultats statistiques ou des arguments de la démonstration, accompagnés de légendes et de modes de lecture si besoin est, le tout accessible à tous.

La distribution des rapports présentant les résultats se fera dans le respect du contrat de départ, dans un type de distribution secrète, restreinte ou large.

Bibliographie sur le questionnaire

P. ALBOU
Les Questionnaires psychologiques, PUF, Paris, 1968.

A. BLANCHET ET AL.
Les Techniques d'enquête en sciences sociales, Dunod, Paris, 1987.

H. CHAUCHAT
L'Enquête en psychosociologie, PUF, Paris, 1985.

H. DAUTRIAT
Le Questionnaire, IHA, Bordeaux, 1959.

J. KOSEKOFF ET A. FINK
How to Conduct a Survey, Sage, London, 1985.

M. E. HENERSON AND AL.
How to Measure Attitudes, Sage, California, 1987.

R. MUCCHIELLI
L'Enquête psychosociale, EME, Paris, 1980.

Chapitre 3

L'ENTRETIEN

A la différence du questionnaire, dont le but est de recueillir des données chiffrées (quantitatives) à l'aide d'un outil anonyme auprès d'un grand nombre de personnes, l'entretien recherche une information personnalisée et approfondie (qualitative) dans un face-à-face à deux, l'interviewé et l'interviewer. Il repose sur le discours de l'un, que l'autre endigue et anime.

Pour l'interviewé, il s'agit d'une interpellation directe de sa personnalité qui va être instamment sollicitée par une autre personnalité pouvant lui être totalement inconnue.

Pour l'interviewer, il s'agit de diriger cette rencontre qui à tout moment côtoie le difficile et peut risquer l'incident (silence) ou la rupture (blocage), avec les précautions préconisées par la méthode qu'il a choisie.

Deux types de rôle

La situation fait intervenir :

- *deux types de rôles*, le conduit et le conducteur ;
- *deux types de statuts*, l'un faible (l'interviewé), l'autre fort (l'interviewer) ;
- *deux cadres de références* sociales.

Par définition la situation de questionné est plus génératrice d'anxiété que celle d'interviewer.

Chaque fois qu'un entretien a lieu, un champ social spécifique et unique est créé : A. BLANCHET (1) a stigmatisé la situation en la nommant « établissement d'un contrat de communication ». Il le définit comme l'ensemble des savoirs partagés des interlocuteurs, sur les enjeux et les objectifs du dialogue. Des aspects implicites et explicites le caractérisent, qu'ils se rapportent aux rôles, aux statuts ou aux enjeux. C'est le langage qui en est le vecteur principal.

Mais que se passe-t-il exactement dans cette rencontre stratégique ?

– Du point de vue de l'interviewer, la direction des opérations implique une intense activité à plusieurs facettes :
  - la recherche d'information qui suppose le choix d'une méthode ; elle varie avec le niveau d'approfondissement désiré et le contrat de communication (recrutement, conseil, appréciation), de la non-directivité à la directivité, en passant par la semi-directivité ;
  - la relance du discours qui se fait sous forme de reformulation dans la méthode rogérienne, ou de provocation dans d'autres (2) ;
  - l'adoption d'une attitude empathique, définie comme un état d'acceptabilité inconditionnelle de l'autre dans toutes les dimensions de sa personnalité ; l'interviewer l'adoptera pour éviter de s'impliquer dans la relation, c'est-à-dire de se croire concerné par ce que dit l'interviewé et d'y réagir en en faisant son problème personnel comme dans une conversation à égalité de rôle ; dans l'entretien, il est à l'écoute de l'autre ;
  - l'usage d'une intonation qui, dans les interventions, retiendra l'attention et facilitera l'apport d'informations et le dialogue ; le ton monotone est à éviter. Selon les interventions, mettre l'accent sur le verbe de la phrase, par exemple, structure davantage l'appel à la parole (3). Mais le regard l'accompagnera pour renforcer l'attitude d'écoute ;

---

(1) A. BLANCHET, R. GHIGLIONE, J. MASSONNAT, A. TROGNON, *Les Techniques d'enquête en sciences sociales*, Dunod, Paris, 1987.

(2) J. TIXIER, *L'Entretien provocateur, une méthode de sélection des cadres dirigeants*, Hommes et Groupes, EPI, Paris, 1984.

(3) J.-M. JAKOBI, A. BLANCHET et M. BROMBERG, « Les effets du focus intonatif », in *Revue internationale de psychologie sociale*, 3/4 1988.

- l'interprétation du discours en deux temps :
  - au fur et à mesure du déroulement de l'entretien, retenir ce qui est significatif du point de vue du thème de l'entretien, s'en servir pour les relances, et observer la façon dont il est accompagné de sourires, de mimiques, de postures ;
  - après l'entretien, analyser à l'aide d'un plan le contenu du discours de l'interviewé, en écoutant l'enregistrement ou en relisant des notes.

– Du côté de l'interviewé « en vitrine », s'offrent plusieurs possibilités :
poser son problème, donc se faire comprendre,
voir clair en lui et s'expliquer,
expliciter une situation professionnelle, un incident,
se libérer de confidences,
recevoir un conseil, une aide, des informations.

Ainsi est-il amené à se déclarer sur :
– les motifs d'une prise de décision,
– les dimensions d'une attitude,
– le cadre d'une réflexion..., toutes expressions intimes et personnelles.

Mais il peut aussi refuser le contrat :
– provisoirement, et après discussions, à nouveau poursuivre le dialogue ;
– définitivement et adopter une conduite de fuite (non-réponse) ou de blocage (silence prolongé, pleurs...).

L'art de l'interviewer consiste à éviter l'apparition de cette dernière attitude.

Planning d'un entretien

Le rôle déterminant de l'interviewer repose sur une organisation minutieuse de ses activités.

AVANT L'ENTRETIEN

Préparation matérielle

– Concernant le lieu où aura lieu l'entretien :
- Choix d'un bureau/place tranquille, dans lequel seront installées table et chaises de façon à respecter l'égalité des positions dans l'espace.
- Un matériel d'enregistrement pourra être disposé (magnéto ou vidéo), en bon état de marche, de façon à éviter des pannes éventuelles préjudiciables au déroulement de l'entretien.
- Les occasions d'interruption possibles auront été déjouées (téléphone par exemple) afin de préserver la sérénité de l'échange.
- Un accueil sera organisé avant l'entretien lui-même, pour éviter de possibles redondances d'états anxieux.

– Concernant les horaires de l'entretien :
- Les convocations s'il y a lieu auront été envoyées dans les délais convenables.
- La durée aura été fixée avec de larges limites de manière à ne pas subir la pression du temps imposé.
- Les horaires des rendez-vous respectés comme indiqué dans les convocations ou à l'accueil.

Préparation intellectuelle

– Etablissement d'un guide d'entretien : dans le contrat de communication, il détermine le champ opératoire : l'interviewer y aura défini à l'avance les dimensions et les composantes de l'information recherchée : le construire demande une certaine méthode (voir ci-après).

Le guide d'entretien

Matériellement le guide d'entretien se présente comme un document écrit de quelques pages sur lesquelles figurent des repères destinés à permettre une vision analytique et synthétique rapide des thèmes d'entretien et de leurs dimensions conceptuelles et factuelles. Aide-mémoire pour l'entretien, plan, résumé, soutien écrit ? Plus scientifiquement l'on pourrait le qualifier de document opératoire, écrit, dont l'organisation minutieuse et la présentation préparent un interviewer à l'investigation positive pour lui comme pour l'interviewé, d'informations, d'opinions et d'attitudes.

Préparation du guide

La phase d'opérationalisation déjà évoquée pour le questionnaire est valable également pour ce type de questionnement. Trois de ses étapes peuvent servir de schéma constructeur :

1. définition du thème à explorer,
2. spécification et analyse de ses dimensions,
3. confrontation des concepts retenus.

Cette phase exploratoire de mixage des informations est enrichie de l'étude d'un dossier documentaire (tous les textes, notes, articles touchant au thème, existant dans l'entreprise ou recueillis à l'extérieur).

Avant d'aborder la phase de rédaction, il faut trier et trancher dans les idées recueillies pour les ordonner et en tirer la définition précise des thèmes d'entretien. Des thèmes principaux en nombre restreint (4 à 5) seront déduits et explicités des sous-thèmes s'emboîtant logiquement.

Rédaction du guide

Il faut choisir une présentation et adapter un style.

Choisir une présentation va consister à déterminer des repères pour identifier chacun des thèmes et sous-thèmes : les repères peuvent être soit des chiffres, soit des lettres, soit des signes choisis dans d'autres répertoires. Quoi qu'il en soit, il convient de se tenir au répertoire choisi et de le déployer dans tout le guide. Par tabulation, les chapitres et paragraphes seront harmonieusement disposés, afin que l'œil soit habilement conduit et ménagé dans ses efforts de reconnaissance du terrain. Par utilisation des graphismes différents de traitement de texte, les moments importants du guide seront soulignés.

Mais *en adoptant un style,* l'on donnera au guide d'entretien d'autres dimensions qui le rendront plus complet, plus percutant, plus assimilable aussi : en effet, la sécheresse de la présentation que l'on vient de décrire peut empêcher la notation de traits plus subtils. Une première précaution peut être envisagée, celle d'expliciter chaque paragraphe par un chapeau résumant les types d'information à rechercher. Puis on peut choisir de poser des questions pour chaque thème et sous-thème et développer à leur suite les descriptions des réponses attendues et possibles ou toute autre présentation...

Mise en pratique

Le guide d'entretien ainsi construit est alors utilisable pour trois démarches.

– L'intériorisation préparatoire à l'entretien ; y consacrer un certain nombre de minutes permet à chaque utilisateur de le dominer et de faire sien ses éléments en les analysant puis en les mémorisant, de façon à pouvoir les utiliser avec la plus grande facilité et la plus vive souplesse : si on apprend le guide, c'est pour mieux écouter l'interviewé et susciter des interactions positives, sans induire. Le guide intériorisé permet de mieux suivre son discours, de provoquer aux moments opportuns pour lui les réponses sur les thèmes.

– L'unification du ton des entretiens, quand un interviewer réalise un groupe d'entretiens, et quand un groupe d'interviewers doit recueillir des données de même genre et de même intensité.

– La préparation de l'analyse des résultats : le guide d'entretien peut utilement conduire l'élaboration d'un plan d'analyse de contenu en poussant à repérer les décalages du texte des entretiens par rapport aux éléments du guide, qui n'étaient que des hypothèses cherchant à être testées et interprétées au contact de la réalité du discours dans le contrat de communication.

– Recherche d'un démarrage d'entretien, petite phrase ou petite allocution destinée à mettre en route l'échange (consigne).

– Adaptation du guide à chaque entretien : quand la personnalité de l'interviewé est connue dans ses grandes lignes (grâce à un dossier préparatoire ou à une connaissance de supérieur à subordonné dans le cas de l'appréciation par exemple), la relecture de la liste des informations recherchées fournira des arguments personnalisés.

– Préparation personnelle d'évacuation des préoccupations individuelles au profit de l'adoption d'une attitude d'ouverture (empathie).

PENDANT L'ENTRETIEN

Dispositions matérielles

- Mise à l'aise après les salutations d'usage.
- Présentation réciproque approfondie sur les fonctions et les circonstances de l'entretien.
- Explications sur le déroulement de la séquence (dans certains cas, sélection par exemple).
- Lancement de la consigne de démarrage.
- Mise en route des appareils d'enregistrement.

Interventions

– Pour chacun des points du guide d'entretien, qui rappelons-le ne doivent pas être suivis dans l'ordre mais exploités au fur et à mesure qu'ils sont présentés par l'interviewé, faire un constat des faits s'y rapportant.

– Relancer pour éclaircir les propos si besoin en est (utiliser à cet effet, la reformulation (4) en reflet ou en écho).

– Faire des synthèses partielles de sections de discours pour résumer et synthétiser la somme d'informations émises.

– Poser des questions directes quand c'est nécessaire pour détailler des points déjà abordés ou obtenir une précision indispensable à la connaissance du discours.

– Interpréter (prêcher le faux pour obtenir le vrai dira-t-on en termes simples) des pans de discours pour aider à faire percevoir par l'un et l'autre protagonistes un aspect demeuré peu clair jusque-là.

– Vérifier en fin d'entretien si tous les points du guide ont été passés en revue, ou si les apports personnels et originaux de l'interviewé ont été bien éclaircis.

– Indiquer les suites possibles de l'entretien (2e convocation en sélection ou suivi d'évaluation).

---

(4) La reformulation est une intervention de l'interviewer qui consiste à redire en d'autres termes et d'une manière plus concise et plus explicite ce que l'interviewé vient d'exprimer et cela de telle sorte que l'interviewer obtienne l'accord de l'interviewé (définition de R. MUCCHIELLI).

APRÈS L'ENTRETIEN

Sur le plan matériel

- Ecoute des bandes et transcription (visionnement des bandes vidéo s'il y a lieu).
- Préparation d'un compte-rendu.
- Communication d'un compte-rendu aux personnes prévues par contrat ou dans le programme.

Sur le plan intellectuel et simultanément

- Lecture des notes ou des transcriptions avec codage en cas d'analyse de contenu.
- Interprétation selon les thèmes retenus dans le guide d'entretien et le plan de l'analyse de contenu (5), et aussi selon les attitudes générales observées (gestuelle, mimiques, sourires, réactions de défense et d'anxiété).
- Découpage réel en suivant le code d'analyse de contenu, ou entrée des codes sur micro, et synthèse point par point.
- Comparaison de plusieurs entretiens entre eux s'il y a lieu.

Analyse de contenu

C'est l'opération qui consiste à transformer le texte multiforme et varié d'un entretien (ou de plusieurs) en une analyse unique et originale de son contenu autour de ses thèmes et sous-thèmes, au moyen d'un code.

L'analyse de contenu est un décodage de l'information apportée par les entretiens : c'est l'opération vitale et cruciale sans laquelle il n'y a pas utilisation possible de l'information, c'est-à-dire par d'information du tout, disait R. MUCCHIELLI (6).

Quand on dit analyse de contenu, on pense méthode, code et classement. *Méthode* pour la lecture du document à analyser, qui va être faite de façon élective et logique, *code* pour l'organisation des chapitres qui vont surgir de cette lecture analytique, *classement* pour découper les informations en fonction du code.

Lecture méthodique. Un entretien ou un groupe d'entretiens sont écoutés à l'aide d'un guide organisé. Mais la présentation des

(5) Voir page suivante.

(6) R. MUCCHIELLI, *L'Analyse de contenu*, Entreprise Moderne d'Edition, Paris, 1979.

thèmes et des sous-thèmes dans le discours de l'interviewé n'est pas ordonné selon ce guide et se trouve de plus enrobée d'un discours secondaire, représentant sa culture personnelle, qu'il est nécessaire d'interpréter. La première opération méthodique consiste donc à noter, au fur et à mesure d'une lecture élective, le nombre de fois où ont été évoqués les thèmes et sous-thèmes et la façon dont ils ont été abordés. Cette incursion dans le discours aboutit à une liste de thèmes et sous-thèmes reconvertis.

Codage. La liste va être organisée pour fournir un code de classement des thèmes et sous-thèmes, selon deux catégories de contenu :

1. catégories se rapportant à la fonction d'information du contenu ;
2. catégories supposant une interprétation (psychologique) du contenu.

D'après L. BARDIN (7) il y a de bonnes et de mauvaises catégories. Pour être valables, les catégories choisies doivent appliquer quatre principes :

– l'objectivité ; les catégories permettront de coder les fragments d'entretien en les considérant comme des objets scientifiques, à l'écart d'influences personnelles subjectives ;

– l'homogénéité ; on ne fera rentrer dans chaque catégorie du code que des fragments d'entretien y correspondant, une nouvelle catégorie devant être ouverte en cas de non-correspondance trop importante ;

– la pertinence ; les catégories permettront une sélection d'informations utiles et intéressantes ;

– l'exhaustivité ; toutes les informations et les interprétations seront rangées dans les différentes catégories.

Classement. Cette tâche implique une seconde lecture des textes des entretiens, lecture à caractère analytique et synthétique à la fois, analytique parce que tout le discours est passé en revue (lecture linéaire), synthétique parce qu'ayant recours à un regard interprétatif (lecture thématique).

Chaque fragment du discours de l'interviewé est interprété et disséqué, puis notifié d'un repère matériel issu du code et enfin découpé, soit au sens réel du terme (avec des ciseaux) soit repéré à l'aide de grilles, soit entré en micro.

Pour la rédaction du compte rendu d'analyse de contenu, trois opérations vont être entreprises :

– comparaison des catégories informatives ;
– comparaison des catégories interprétatives ;
– interpénétration des unes et des autres.

(7) L. BARDIN, *L'Analyse de contenu*, PUF, Paris, 1986.

Bibliographie sur l'entretien et l'analyse de contenu

A. Blanchet et al.
Les Techniques d'enquête en sciences sociales, Dunod, Paris, 1987.

R. Boudon
Les Méthodes en sociologie, PUF, Que sais-je ?, Paris, 1969.

H. Chauchat
L'Enquête en psychosociologie, PUF, Paris, 1985.

C. Cudicio
Comprendre le PNL, Les Editions d'Organisation, Paris, 1987.

H. Dorra et G. Millet
Comment mener un entretien individuel, Dunod, Paris, 1985.

G. Layole
La Conduite d'entretiens, Les Editions d'Organisation, Paris, 1982.

R. Mucchielli
L'Entretien de face-à-face, ESF, Paris, 1980.

L. Bardin
L'Analyse de contenu, PUF, Paris, 1986.

R. Mucchielli
L'Analyse de contenu, ESF, Paris, 1979.

Chapitre 4

L'ENTRETIEN DE GROUPE

La plus jeune des techniques psychosociales de questionnement fut proposée par K. LEWIN, dans les années 1940. Après lui, il ne fut plus possible de considérer le travail d'un groupe restreint de personnes comme une somme de travaux individuels, mais il fallait y voir une tâche réalisée dans un champ psychologique particulier, créant une dynamique spécifique des échanges des individus membres de ce groupe, régie par des lois particulières et aboutissant à une œuvre originale, propre à chaque groupe.

Les interactions jouent sur deux fronts : elles ont lieu entre l'interviewer et chaque membre du groupe, et entre les membres.

L'ensemble peut se décrire avec le schéma suivant qui représente l'intensité possible de certains moments de l'entretien.

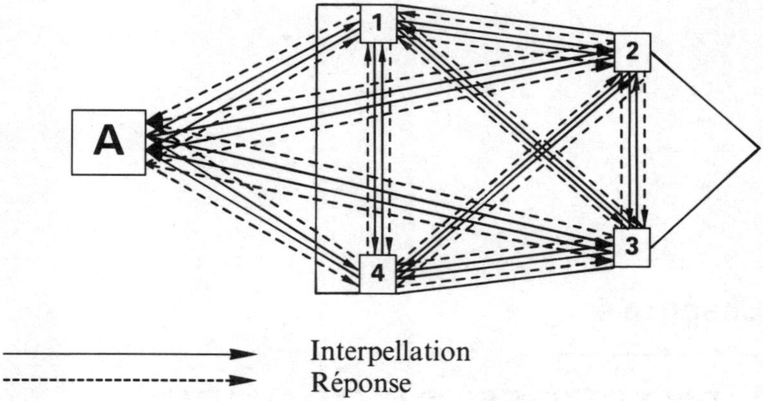

Pour des facilités de lecture, le groupe est réduit à quatre participants : l'animateur et les membres du groupe peuvent être interpellés et répondre, et aussi interpeller et attendre une réponse.

Les protagonistes de cet échange, animateur et membres du groupe, sont en général animés de sentiments divers engendrés par l'insolite de la situation : elle est en effet différente de l'interaction duale de l'entretien simple plus facile à vivre que celle qui vous expose au public. Une certaine anxiété se développera donc dans les deux parties, méfiance mutuelle, angoisse à la pensée de s'exprimer devant des collègues ou des inconnus, chez les membres du groupe, interrogation de l'animateur sur les résultats qu'il va obtenir.

C'est à l'animateur que revient le rôle de pallier les incertitudes liées à cet état de fait : une organisation précise de l'ensemble des opérations matérielles et secondaires qui entourent la préparation d'un entretien de groupe est le remède qu'il peut tenir en main, aidé en cela par une équipe, celle des promoteurs de l'opération.

A cet égard, la technique de l'entretien de groupe requiert les mêmes exigences que les autres techniques de questionnement psychosocial. Quand on décide dans une entreprise ou une organisation de mettre sur pied une opération entretien de groupe, il faut savoir qu'une phase de préenquête sera nécessaire avant d'aborder la phase principale de déroulement, enfin, qu'une phase de suivi (traitement des résultats) sera indispensable.

Mais auparavant, il faudra se demander quel type d'entretien de groupe on va aborder ou conviendra au problème que l'on veut tenter d'éclaircir avec cette technique.

Types d'entretiens de groupe

Deux types principaux se dégagent.

LE TYPE ENTRETIEN-DÉBAT D'IDÉES

Il convient plus spécialement à :
- une étude de projet d'entreprise ;
- une discussion sur une définition de poste pour un recrutement ;
- une sélection de personnel pour la réalisation d'une nouvelle tâche ou pour un plan de formation, etc.

L'animateur

Il sera choisi en fonction de son appartenance ou de sa non-appartenance à l'entreprise ; peut également se poser la question de le choisir ou non dans la hiérarchie : *tout dépend du thème du débat*, une personnalité extérieure (un consultant occasionnel) peut parvenir à pousser les membres du groupe à s'exprimer davantage, mais un salarié de l'entreprise peut très bien faciliter leur travail, même s'il est leur responsable hiérarchique.

Ce qu'il faut éviter, c'est le rejet que pourraient en faire les membres du groupe pour des raisons d'implication trop importante dans le thème. Quoi qu'il en soit, il sera piloté par les promoteurs de l'entretien de groupe qui lui expliqueront les conditions du jeu et la valeur de l'enjeu, en lui précisant les attentes et les stratégies visées.

Les participants

Ils peuvent être n'importe quel salarié de l'entreprise ou de l'organisation : mais rarement le choix des participants à l'entretien de groupe se fait au hasard ; le thème de l'entretien impose là aussi la nécessité de trouver les participants les plus intéressants, et parce qu'ils connaissent le thème (à cet effet, un non-sachant représente une perte sèche pour le groupe), et parce que les promoteurs ont vérifié qu'ils acceptaient la participation à un travail en commun sachant qu'ils auraient à s'exprimer en public (un non-participant est un poids mort pour la vie du groupe).

Les observateurs

Qui dit entretien de groupe peut dire présence ou non d'observateurs ; leur rôle peut s'avérer indispensable pour différentes raisons :

– pour recueillir une information la plus exhaustive possible, sans le relais d'une aide technique quelquefois encombrante et peu fiable, notamment sur le plan de l'exploitation qui demande toujours trop de temps quand on est pressé ;

– pour étudier des comportements et attitudes non verbales nécessaires à la compréhension du thème étudié ;

– pour améliorer, en cas de réunions multiples sur le même thème avec le même groupe, les attitudes de participation de chaque membre à la discussion du groupe. Ce travail sera fait en commun à la faveur d'une réunion spéciale.

Les promoteurs et l'animateur préciseront donc leur rôle, et les choisiront avec soin, dans des situations et préoccupations étrangères à celles des membres du groupe : il ne doit pas se présenter non plus des cas de rejet d'observateurs au moment du démarrage de l'entretien de groupe. Promoteurs et animateurs les prépareront à l'approche du thème et au fonctionnement de leur rôle.

LE TYPE ENTRETIEN-CLARIFICATION

Il convient plus particulièrement aux cas à problèmes :

- conflit individuel ;
- conflit collectif ;
- blocage dans l'avancement d'un projet, etc.

L'animateur

Il sera choisi en raison de sa non-implication dans le problème : en effet, en cas de débat passionnel, le groupe a besoin d'un médiateur parfaitement étranger à ses aléas, afin d'obtenir une issue positive à la discussion. Il pourra appartenir à l'organisation ou venir de l'extérieur proposer ses services de consultant. Avec lui les promoteurs de l'entretien de groupe consacreront dans l'un ou l'autre cas un temps important à l'étude du cas en général, à ses tenants et aboutissants.

Ainsi l'animateur se fera-t-il une représentation personnelle de la question, en la fondant également sur une enquête dans le milieu en crise, interviewant les protagonistes du cas, les participants éventuels à l'entretien. Comme le dit R. MUCCHIELLI, il doit de cette façon se faire connaître, puis se faire accepter comme animateur de la future discussion (1).

Les participants

Ils seront choisis par les promoteurs et l'animateur du fait de leur connaissance du problème traité, ce qui ne veut pas forcément dire implication dans le problème, qui supposerait qu'ils en aient peut-être une vue trop subjective : encore une fois la dimension et la valeur du thème guideront ce choix délicat, mais rien n'empêche qu'un entretien de groupe-clarification ne se traite avec un groupe totalement impliqué dans le problème.

Il faut encore que ses membres acceptent de travailler avec l'animateur et les promoteurs de l'opération.

Les observateurs

Quand aux observateurs, leur présence ne paraît pas souhaitable, car elle dérangera certainement les débats, entravant leur spontanéité que l'animateur aura du mal à faire surgir, dans les passions débattues.

---

(1) R. MUCCHIELLI, *La Conduite de réunions*, Entreprise Moderne d'Edition, ESF, Paris, 1980.

Déroulement d'un entretien de groupe

PHASE 1 – PRÉPARATION

Conditions matérielles

Se réunir pour un entretien de groupe, avec un animateur, huit à douze participants, des observateurs éventuels, signifie le choix d'une salle, convenablement disposée, dans un lieu retenu à l'avance qui ne présente pas de caractère trop marqué pouvant gêner les participants de quelque façon que ce soit (consensus à obtenir).

L'animateur et le groupe disposeront d'un matériel d'expression habituel (papier, crayon, tableau...). Ils seront assis autour d'une table dont la forme n'est pas anodine, car elle devra permettre à l'animateur de se situer bien en face des participants, de façon à pouvoir dialoguer en toute clarté avec eux. Elle devra également permettre aux participants de pouvoir échanger sans difficulté entre eux. C'est BALES qui en a indiqué la forme idéale, on dit aussi que c'est une table sociométrique, à dessiner selon ce schéma.

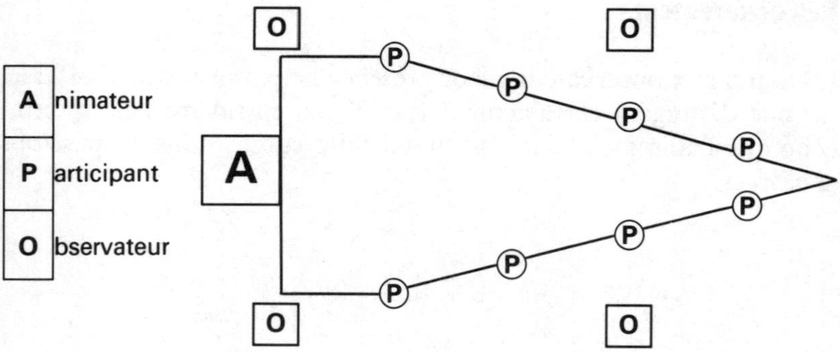

Des raisons propres à chaque entretien de groupe peuvent faire qu'un enregistrement vidéo, filmique, ou tout simplement magnétique, soit nécessaire pour le suivi de l'opération. Toutes les dispositions techniques seront prises par les promoteurs pour en assurer le déroulement optimum afin que nul incident ne vienne perturber les débats.

Les promoteurs penseront au bien-être des participants en prévoyant de quoi les abreuver en eau après leurs interventions.

Ils mettront sur pied en outre une campagne d'information, car proposer un entretien de groupe à propos d'un projet d'entreprise signifie interpeller un certain nombre et de personnes et d'idées et de situations. Il faut dans certains cas faire face aux rumeurs et aux remous : un bon moyen de couper court au bouche à oreille défavorable est d'informer. Informer en utilisant le canal de notes de service, de réunions de service, d'articles dans les bulletins et le journal d'entreprise, en bref tous les médias disponibles à tous les niveaux nécessaires et politiquement utiles au déroulement positif du futur entretien de groupe.

Il faut aussi envisager l'information directe concernant les participants, en pensant à l'envoi d'invitations, qui non seulement renseigneront sur les détails matériels de la rencontre mais aussi donneront une large approche du thème de discussion, avec des commentaires joints, afin d'aider les participants, d'éventuels observateurs ou spectateurs à se préparer aux débats.

Etude du thème de l'entretien de groupe

Le schéma est celui des autres techniques psychosociales, il comprend une préenquête avec :

– recherche de documentation ; certains sujets l'exigent plus que d'autres ; le regroupement de documents informatifs sur le thème d'entretien est très intéressant et apporte de quoi réfléchir sur les sujets, en les étoffant d'une vision différente et complémentaire ; par documents informatifs il faut entendre des documents propres à l'entreprise, et l'on aura à travailler sur des dimensions historiques de l'enjeu de l'entretien ; l'on aura également à éplucher des informations concernant le thème dans des journaux, ouvrages, études...

– étude du bouche à oreille ; sans indisposer les salariés, ni transformer cette étude en sondage trop appuyé, se mettre à l'écoute des rumeurs et de leur transmission devrait apporter des indices informatifs supplémentaires et porteurs de signification en rapport avec le thème ;

– sondage par entretiens ; la possession d'un certain nombre d'indices peut appeler à en désirer d'autres, que la passation d'entretiens avec des salariés occupant des postes-clés en liaison avec le sujet et les circonstances de l'entretien de groupe développera ; les comptes rendus en seront à verser au dossier ; cette démarche est particulièrement nécessaire dans le cas d'entretien-clarification, parce que l'animateur de ce type d'entretien doit d'abord se mettre au cœur du sujet et du milieu dans lequel il pose question, pour utiliser au mieux la prestation ;

– définition précise du thème ; le travail de fourmi réalisé comme indiqué ci-dessus apporte de quoi définir plus exactement le thème à débattre et la façon dont il faudra le traiter ; les attentes seront ainsi éclaircies : elles serviront de base à la construction par l'animateur d'un *guide d'entretien* ; le plan de discussion ainsi obtenu pourra être diffusé sous forme de document préparatoire à communiquer aux participants et observateurs.

Choix des participants

Les listes de participants seront établies définitivement, en fonction de l'évolution de la préenquête parmi la ou les populations de salariés intéressés.

Les participants seront invités à se préparer à l'entretien ; les promoteurs et l'animateur peuvent ainsi leur communiquer un guide contenant un certain nombre de consignes.

Avant la réunion

- Prendre les dispositions matérielles pour assister à la réunion (demande d'autorisation de la hiérarchie, consignes à passer aux collègues, au standard téléphonique, etc.).
- Rassembler les informations utiles au débat : consacrer un temps suffisant à la réflexion sur le thème du débat à partir du document joint à l'invitation.

Le jour de la réunion

- Arriver à l'heure, avec les documents et le matériel prévus (s'il y a lieu pour soutenir un point de vue).
- Faire preuve d'esprit de collaboration et de discipline pour faciliter la tâche de l'animateur et le travail du groupe.

Choix des observateurs

Quand ils seront désignés dans la mouvance du sujet, ils devront se réunir pour préparer ou étudier une *grille* spécifique d'observation dont les résultats auront pour but d'aider l'animateur à rédiger un compte-rendu de l'entretien. Les observateurs s'attacheront à décrire soit les attitudes et les comportements des participants de l'entretien de façon à rendre compte de leur facilité à participer qui pourra être utile au développement du groupe en tant que tel, soit le contenu de la discussion à lui seul indispensable dans une clarification par exemple.

PHASE 2 – DÉROULEMENT DE L'ENTRETIEN DE GROUPE

1. Accueil général

Les promoteurs et l'animateur accueillent les participants. Ils ont pour mission à cet instant de mettre en place les protagonistes dans la salle (observateurs et spectateurs éventuels) et autour de la table (participants). Ils devront vérifier également les appareils d'enregistrement s'il y a lieu.

2. Préambule

L'animateur prend la parole pour envoyer la discussion. Il installe les participants dans leur participation et leur rôle. Par un tour de table, ils les invitent à se présenter les uns aux autres, en indiquant leur nom et profession, et la raison de leur participation au débat. Ils les invitent à ne pas hésiter à intervenir dans la discussion qui va suivre. Il présente enfin les objectifs de l'entretien de groupe en reprenant les termes de l'information accompagnant l'invitation (ou autre document connu des participants) et précise son rôle de régulateur des débats (durée, quelques minutes).

3. Animation

– L'animateur est là pour faciliter la participation de chacun et de tous.
... De chacun, car il fera appel nominalement (c'est pourquoi l'usage des marques de table devant chaque participant est utile) aux personnes présentes autour de la table, quand elles seront silencieuses, auront l'air de vouloir exprimer un avis, ou lorsque un aparté isolera deux participants et qu'il faudra le rompre...
... De tous, car il pourra intervenir pour faire cesser un brouhaha prolongé, ou pour faire cesser les trop longues digressions d'un participant « qui sait tout » empêchant les plus discrets de donner leur avis, ou pour canaliser le bavard vers le cœur du sujet...

– Mais il n'intervient pas sur le fond du débat : il ne s'impliquera pas dans la discussion, c'est-à-dire qu'il ne fera pas connaître son point de vue personnel sur le thème. Cette attitude fait la différence avec la conduite d'une réunion de service, par exemple, qu'un hiérarchique préside et dans laquelle il est à la fois juge et partie.
Pour remplir ce rôle, l'animateur dispose d'un certain nombre d'outils :
  • la reformulation (comme dans l'entretien à deux) ;
  • la synthèse, en résumant pour le groupe une partie de la discussion ;
  • la relance sur une partie de sujet oubliée ;
  • l'appel à la participation d'un isolé ou d'un silencieux ;
  • le questionnement :
    - en forme d'éclaircissement sur des points obscurs ;
    - en écho pour renvoyer au participant qui a posée sa question ;
    - en relais pour renvoyer une interpellation à un autre participant ;
    - en miroir pour interroger tout le groupe avec la question d'un participant.

4. Etapes du débat

Elles sont différentes pour les deux types d'entretiens de groupe.

Entretien-débat d'idées

L'animateur aura proposé dès le préambule les points principaux à exploiter comme expliqué dans l'invitation, il les inscrira de préférence sur un tableau, ainsi les participants auront-ils une tâche précise à remplir et la discussion s'engagera-t-elle avec netteté.

Etape 1 : période d'échange des idées, des expériences, des contradictions, les données qui fusent seront inscrites au tableau pour être vues et comprises de tous.

Etape 2 : l'animateur propose, dès qu'un nombre important d'idées a été émis, de se donner un plan de travail, qu'il va inscrire au tableau. Ce plan sera soumis à l'accord du groupe.

Etape 3 : discussion sur chacun des points du plan. L'animateur fera des synthèses partielles sur chacun des points du plan proposé en phase précédente. Elles seront toutes notées sur le tableau.

Etape 4 : révision des points notés sur le tableau, estimation des écarts par rapport au plan, énoncés de conclusions sur chacun des points et sur l'ensemble de l'entretien de groupe.

Entretien-clarification

L'animateur dont le rôle de médiateur aura été défini et accepté avant son intervention dans l'entretien-clarification, va d'emblée viser le cœur du problème.

Etape 1 : recueil systématique de tous les avis sur la question, faisant appel à la participation de chacun, les uns après les autres, sans tenir compte de la valeur et de la passion qui peuvent transformer la vision des faits, en les notant au tableau.

Etape 2 : proposer une discussion sur les points apparus comme les plus significatifs, en demandant l'accord du groupe sur une liste possible.

Etape 3 : évaluer par une synthèse générale, les informations, opinions et avis issus des discussions et en proposer un bref compte rendu.

PHASE 3 – SUIVI DE L'ENTRETIEN DE GROUPE

Un certain nombre d'activités sont à entreprendre dès la fin de l'entretien de groupe : elles sont principalement concrétisées par la rédaction d'un compte rendu et par l'organisation de ce qu'il est convenu d'appeler un suivi.

1. Rédaction d'un compte rendu

Les promoteurs de l'opération recueillent les documents enregistrés lors de la séance, les observations des observateurs, les notes de l'animateur, les relevés des tableaux. A partir de là, deux chapitres peuvent être rédigés, l'un concernant le contenu du débat et c'est le principal, l'autre pourra concerner, s'il en a été décidé dans les préliminaires, la vie et les attitudes du groupe. Il peut être, en effet, judicieux, dans le cas d'une suite de réunions sur la mise en place d'un projet, de surveiller et d'infléchir la productivité d'un groupe, en fonction de sa satisfaction par exemple.

2. Organisation du suivi

– Il commence par l'envoi du compte rendu évoqué ci-dessus à tous les participants, les observateurs et les spectateurs (éventuels) présents. D'autres personnes intéressées à l'opération, comme les responsables hiérarchiques, en seront aussi les destinataires.

Selon les urgences et l'organisation générale de l'opération entretien de groupe, le compte rendu sera envoyé le plus tôt possible après la réunion du groupe ; il pourra aussi parvenir aux participants et autres, au moment d'une seconde réunion éventuelle ; à intervalles réguliers entre les réunions si on en prévoit une série.

– Il pourra être accompagné de mesures de satisfaction de la participation à l'entretien et aux résultats des discussions, sous la forme de questionnaire à l'adresse des intéressés ou sous forme d'une convocation à une autre réunion.

Avec ces manifestations, le suivi prolonge et conforte les effets positifs d'une opération de large envergure réalisée dans l'entreprise.

Bibliographie sur l'entretien de groupe

J. Maisonneuve
La Dynamique des groupes, PUF, Que sais-je ?, Paris, 1973.

R. Mucchielli
L'Interview de groupe, ESF, EME, Paris, 1987.

R. Mucchielli
La Conduite de réunions, ESF, EME, Paris, 1980.

Deuxième partie

LES APPLICATIONS

Chapitre 5

L'ANALYSE DU TRAVAIL

A quoi sert l'analyse du travail

Elle se situe au cœur d'une politique organisée de ressources humaines car elle est à l'origine d'un grand nombre de programmes de gestion du personnel, recrutement, rémunération, appréciation, formation, promotion. L'entreprise l'utilisera pour ses propres réalisations, mais elle peut aussi en communiquer les données à l'extérieur si elle s'adjoint les services d'un consultant.

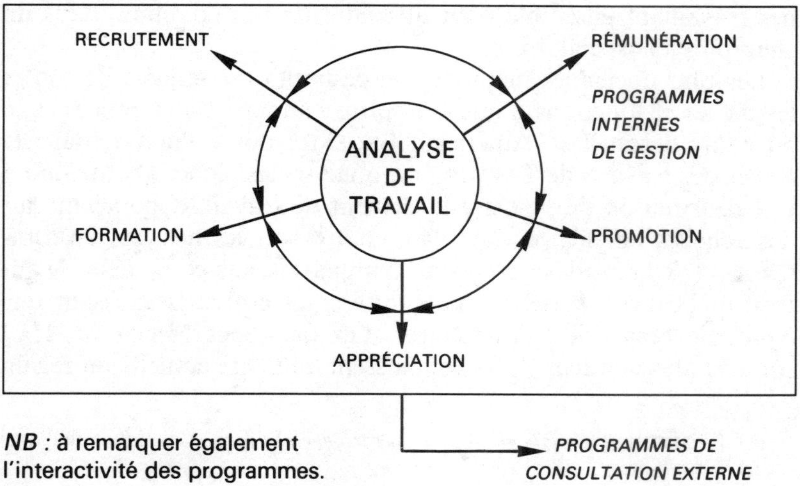

NB : à remarquer également l'interactivité des programmes.

J. Ribette décrit deux catégories de travail : les tâches répétitives, souvent à dominante manuelle, structurées dans un poste de travail correspondant à l'application de techniques spécifiques, et celles qui concrétisent l'exercice de la responsabilité d'une fonction à dominance de gestion ou d'animation des hommes, sans distinction ni frontières absolues (1).

Par poste de travail, il faut entendre, pour un ouvrier employé sur une machine, l'espace dans lequel cet ouvrier est habituellement appelé à se situer lorsqu'il effectue les travaux dont il est chargé (définition du ministère du Travail).

Une fonction se définira par sa valeur et son poids dans l'organisation, la qualification qu'elle requiert, formation et expériences conjuguées, les objectifs qui lui sont assignés.

Dans la théorie des communications, l'on décrit un poste de travail comme une circulation d'information :

1) le salarié reçoit une information (ordre de commencer une opération) et les aides techniques appropriées ;
2) il exerce sa responsabilité d'officiant du poste ou de la fonction et prépare une réponse avec ses ressources personnelles (formation, expérience) ;
3) il transmet une réponse, sous forme de réalisation d'objectif.

Par poste de travail, on peut entendre aussi un système-homme-machine (S.H.M.), comme le disait J.-L. Kennedy, une organisation dont les composantes sont des hommes et des machines travaillant ensemble pour atteindre un but commun, dans un champ psychosocial donné.

Les plus anciennes méthodes de description complète de toutes les tâches et fonctions d'une entreprise remontent aux années 1920 au cours desquelles l'Américain Bedeaux mit à l'œuvre, dans la foulée des travaux de Taylor, une analyse des tâches aboutissant à une distribution de points par élément de travail, débouchant sur des échelles de salaire : en 1945, en France, les accords Parodi-Croizat fixèrent des critères de rémunation sur ce modèle. D'autres applications suivirent dans différentes entreprises, visant une équitable répartition des salaires. Les méthodes Milox ou Hay sont les plus connues. Elles connaissent à l'heure actuelle un regain

(1) J. Ribette, *Technique de gestion du personnel*, Editions techniques de l'ingénieur, Paris, 1984.

d'activité, avec le développement des suivis de carrière, des systèmes de fidélisation et autres techniques de gestion des ressources humaines. Elles reposent sur une description plus systémique des tâches et des fonctions.

C'est ainsi qu'elles proposent des schémas de description touchant davantage la valeur des tâches et des fonctions que la technicité de leurs activités : elles s'intéressent plus à la finalité de la tâche ou à sa contribution au projet de l'entreprise, à la compétence du titulaire et à ses perspectives prospectives, qu'aux aspects strictement spécifiques de leur réalisation.

Compréhension du fonctionnement des liaisons et des relations fonctionnelles, hiérarchiques, de contrôle et d'entretien

Avec J. LEPLAT, nous dirons qu'il faut aussi tenir compte de quatre autres dimensions environnementales : les conditions *physiques*, ambiance, bruit, éclairage, vibrations..., les dimensions *technologiques*, utilisation d'outil, d'instrument et leurs contraintes, les conditions *organisationnelles*, horaires, cadences, contrôle hiérarchique, enfin les conditions *socio-économiques*, salaires, législation sociale, conjoncture économique, pour considérer une tâche ou une fonction au plus près (2).

Pour être encore plus complet et plus utile, le tableau sera accompagné de la liste des qualités individuelles requises pour les exercer :

- âge, sexe ;
- résistance physique ;
- niveau d'études ;
- niveau d'expérience ;
- possibilités psychomotrices et psychosensorielles ;
- dispositions intellectuelles et comportementales ;
- représentation individuelle des tâches.

J.-C. SPERANDIO recommande de s'intéresser aussi aux dysfonctionnements éventuels systématiques (3).

---

(2) J. LEPLAT, *La Psychologie ergonomique*, Que Sais-je, PUF, Paris, 1980.
(3) C. LÉVY-LEBOYER et J.-C. SPERANDIO, *Traité de psychologie du travail*, PUF, Paris, 1987.

Certains aspects des tâches et des fonctions peuvent être étudiés de manière très spécifique :

– le travail en équipe ou en groupe rapproché (atelier) qui fonctionne avec des interactions de réseau et de maillage ;
– le leadership ou commandement dont les traits psychologiques influencent toute délégation de travail ;
– les compétences discriminantes, que l'on peut nommer rareté d'une tâche, ou considérer du point de vue des risques certains ou des erreurs systématiques qu'elle côtoie ou qu'elle engendre.

Donc, le principe de l'analyse du travail est de mettre à plat, en quelque sorte, les dimensions d'un poste ou d'une fonction. Les analyser revient à en recenser très précisément les composantes :

– d'abord, la tâche essentielle qu'il ou qu'elle recouvre, conduire un chariot élévateur ou vendre le produit de l'entreprise, dans ses dimensions techniques ;
– puis les résultats qui en sont attendus et leur contrôle ;
– puis leur place dans l'organigramme général et, plus ponctuellement, dans celui du service concerné ;
– ensuite, les liens qui les joignent à d'autres postes ou d'autres fonctions, liaisons techniques, informationnelles, relationnelles ;
– enfin, les conditions physiques et ergonomiques de leur exercice.

L'observation dans l'analyse du travail

« En tout état de cause, dit G. KARNAS, l'observation est (avec l'entretien), l'une des étapes préliminaires de toute analyse de travail. » (4) Pour une analyse de poste, elle comprend plusieurs phases.

---

(4) In *Traité de psychologie du travail, op. cit.*

ÉTAPE DE RECONNAISSANCE

L'étape de reconnaissance auprès du poste permet en deux temps (imprégnation de l'ambiance générale et repérage des catégories de tâches les plus apparentes), de remplir une *feuille de repérage* avec laquelle procéder à des relevés quantitatifs instructifs.

Feuille de repérage

TYPE D'ACTIVITÉS					
	1	2	3	4	5

UTILISATION D'OUTILS

DÉROULEMENT CHRONOLOGIQUE

CONDITIONS MATÉRIELLES D'EXÉCUTION

Lumière	Espace

INTERACTIONS

Proches	Lointaines

REMARQUES

CONSTRUCTION D'UNE GRILLE

On construit une grille en choisissant parmi celles observées précédemment :
– des catégories significatives et mesurables,
– pour des comptages fiables et pertinents,
– dans des limites spatio-temporelles précises,
pour obtenir des informations les plus complètes possibles, = diagnostic, sur le déroulement d'une tâche ou d'une fonction.

Dans la perspective d'une observation = pronostic, sur un grand nombre de personnes, pour en obtenir un profil moyen, elle servira de test.

Et l'on notera par exemple le travail d'un ouvrier d'atelier.

Quelles sont les activités du poste et quand sont-elles réalisées ?

Tâches \ Jours	Lundi	Mardi	Mercredi	Jeudi	Vendredi
1re activité					
2e activité					

Quelles pièces sont prises dans les magasins et combien ?

	MAGASINS		
	1	2	3
Pièce A			
Pièce B			
Pièce C			
Boulon			
Vis			

Combien d'erreurs relevées sur les pièces finies ?

	Jour d'observation				Heure
Erreurs / Produit	1 faute	2 fautes	3 fautes	4 fautes	5 fautes et plus
Engrenage					
Bielle					
Moteur					

ÉCLAIRAGE	Fort	Faible
Date		
Heure		

INTERACTIONS	Hiérarchie	Collègues	Visiteurs
Jours			
Heures			

PERFORMANCE (Avis général de la hiérarchie)

Bonne	Moyenne	Sans intérêt

COMPLÉMENT D'INFORMATION

A ce moment de l'analyse, il est recommandé de se servir d'autres méthodes pour enrichir l'observation. Le choix aura lieu entre :

- approfondir en *entretien* les points d'interrogation que seul le responsable du poste peut expliquer ;
- éclaircir à l'aide d'un *questionnaire* les conditions d'exécution d'une tâche complexe ;
- comprendre les *incidents critiques* d'un travail, c'est-à-dire les moments les plus efficaces ou les moins efficaces tels que racontés par le responsable d'un poste (5) ;
- faire établir un *journal de bord* ou une check-list des activités d'un emploi par celui qui le tient ;
- s'intéresser aux résultats d'un travail, c'est-à-dire chercher ses caractéristiques à travers ses *traces* ;
- procéder à *l'enregistrement* filmique ou vidéo de séquences de travail ;
- organiser des *réunions de groupe* de plusieurs responsables d'un même poste ;
- analyser les représentations des postes et des fonctions, sous forme de *cartes mentales* avec la méthode de Kelly :

> *La méthode de la grille de répertoire de G. A. Kelly* utilise un logiciel mis au point par l'université de Manchester (U.K.) : il permet de présenter des résultats à configuration statistique, à partir des données obtenues en entretien auprès d'une (ou de plusieurs personnes, voire d'un grand nombre) qui aura exprimé des jugements et des attitudes au sujet de personnes, d'objets, d'expériences vécues...
>
> Jugements, attitudes et leurs dimensions conceptuelles forment une grille à double entrée, traitée par analyse matricielle. Le résultat final est une carte mentale, représentative des jugements, des attitudes et de leurs dimensions (autour d'axes majeurs).
>
> Ainsi l'aspect qualitatif de la méthode (entretien et grille) est-il mis en valeur par une expression statistique très attrayante et très rapide à obtenir.

- reconnaître l'organisation des rôles et des statuts dans un champ précis, à l'aide d'un *sociogramme* (6) ;
- observer les conséquences des styles de *commandement* avec le test du LPC (7).

---

(5) Méthode de Flanagan.
(6) J.-L. Moreno, *Fondements de la sociométrie*, PUF, Paris, 1970.
(7) C. Lévy-Leboyer et al., « Le Diagnostic du style d'encadrement, la signification du LPC de Fielder », in *Revue de psychologie appliquée*, n° 1, 1976.

Ces méthodes sont à utiliser sans exclusion c'est-à-dire qu'elles peuvent être toutes employées simultanément, pour permettre d'édifier une analyse de poste et de fonction la plus complète et la plus fine possible.

Le but de l'analyse guidera également le choix :

– S'il s'agit d'une analyse de poste ordonnée pour les besoins d'un recrutement, il faudra envisager de recueillir des renseignements sur le nombre et la nature des tâches, les exigences sur les plans physique et intellectuel, les conditions de réalisation.
  A l'observation, l'on adjoindra un entretien, un questionnaire, un journal de bord...
– S'il s'agit d'une analyse de poste réalisée en vue du réaménagement d'un atelier, l'on se préoccupera davantage des conditions ergonomiques de déroulement du travail.
  A l'observation, l'on adjoindra un enregistrement filmique des déplacements dans l'atelier, un entretien de groupe avec les intéressés, un sociogramme...

TRANSFORMATIONS EN VUE D'UNE ANALYSE STATISTIQUE

Après le test, quand, on l'a dit, dans la même organisation, un grand nombre de personnes exercent la même profession et que l'on désire connaître de façon sûre et mathématique les dimensions et les limites générales et individuelles de leur tâche, afin de pronostiquer sur fond de profil moyen des plans et des projets réalistes de recrutement, rémunération, promotion, formation, on complétera ou l'on transformera les données recueillies pour monter une nouvelle grille en vue d'une opération statistique.

L'exemple suivant explicitera le propos.

– Avec les données relevées en observation dans une entreprise qui compte cent magasiniers, on a monté la grille ci-dessous qui définit la tâche d'un magasinier ; on y lit que sept sous-tâches la caractérisent :
  1. échanges verbaux avec les ouvriers ;
  2. connaissances techniques ;
  3. tenue du planning ;

4. ordre dans les rayons ;
5. détection des erreurs dans les fiches ;
6. surveillance des stocks ;
7. efforts physiques pour atteindre les rayons.

– Avec des échelles en cinq points, on offre aux observateurs qui remplissent la grille des nuances de jugement pour évaluer le poste de magasinier et chacune de ses sous-tâches.

Echelles en cinq points

1. Echanges verbaux avec les ouvriers

   1 2 3 4 5 (des *plus* aux *moins* aimables)

2. Connaissances techniques

   1 2 3 4 5 (des *plus* aux *moins* précises)

3. Tenue du planning

   1 2 3 4 5 (de la *plus* à la *moins* claire)

4. Ordre dans les rayons

   1 2 3 4 5 (du *plus* au *moins* efficace)

5. Détection des erreurs dans les fiches

   1 2 3 4 5 (de la *plus* à la *moins* systématique)

6. Surveillance des stocks

   1 2 3 4 5 (de la *plus* à la *moins* fine)

7. Efforts physiques pour atteindre les rayons

   1 2 3 4 5 (des *plus* aux *moins* importants)

Les cent magasiniers seront observés avec cette grille. Pour mieux asseoir la mesure, on partagera les cent magasiniers en deux groupes semblables et l'on comparera leurs résultats. Si il y a forte corrélation entre ceux-ci, la fidélité de la mesure sera démontrée. Sinon, il faudra rechercher si ne se présentent pas de fortes disparités dues à l'âge ou à la qualification de certains magasiniers.

Leurs résultats seront traités par étalonnage (8) des valeurs qui permettra de dresser un profil type ou moyen de la tâche de magasinier dans cette entreprise.

– Il sera facile, à partir de ce profil, de comparer pour chaque tenant du poste sa situation par rapport à ce profil (politique d'évaluation), de dessiner un profil de la personne qui pourra les remplacer (politique de recrutement) ou de désigner les points de qualification à améliorer (politiques de formation et de promotion).

Des séquences plus complexes peuvent être organisées, pour décrire des situations dans lesquelles entrent en jeu des facteurs dispersés ou combinés sur les plans de la personnalité ou des responsabilités : des opérations statistiques courantes sont susceptibles de les gérer et sont aisément réalisables avec des calculettes ou des logiciels spécifiques dans le cas d'analyse factorielle par exemple [consulter particulièrement l'ouvrage de C. LEVY-LEBOYER (9)].

Une dernière remarque pour souligner le fait que les études de poste ainsi définies subissent inévitablement l'effet des changements et des évolutions dans le temps et doivent être remises à jour régulièrement.

---

(8) *Etalonnage* (définition de Louis-Marie MORFAUX in *Vocabulaire de la Philosophie et des sciences humaines*, Ed. Armand Colin, Paris, 1980.

« Technique mathématique de division des notes obtenues à un test (= une mesure par un échantillon assez nombreux pour être représentatif d'une population donnée (c'est-à-dire d'un groupe spécifique d'individus) ; l'étalonnage consiste à établir la dispersion des résultats de cette population (...).

On distingue deux types d'étalonnage : le premier repose sur l'écart-type (distance par rapport à la moyenne), le second sur la division des notes en pourcentages égaux de l'effectif de l'échantillon (centilage, décilage).

Cette échelle de référence sert ensuite à situer pami les autres, tout autre sujet de cette même population soumise à la même mesure et de prévoir ses comportements. »

(9) C. LEVY-LEBOYER, *Evaluation du personnel*, Les Editions d'Organisation, Paris, 1990.

PRÉSENTATION DES RÉSULTATS

Il existe en gros deux manières de présenter une étude de poste, que l'on peut d'ailleurs combiner.

- La première consiste en une rédaction littéraire établie selon un plan rigoureux autour des pôles de la tâche ou de la fonction exemple (ci-dessous).
- La deuxième utilise le mode graphique et utilise donc des schémas, des diagrammes voire des visiogrammes pour expliciter des séquences de travail (voir p. 85).

Fiche de poste

SECRÉTAIRE GÉNÉRALE DE DIRECTION

Missions principales

Filtrer les appels ; recueillir et transmettre des messages de façon fidèle et précise.

Gérer le planning du Directeur général et organiser ses rendez-vous et réunions :

- réserver les salles ;
- s'assurer que les dates retenues conviennent à tous les participants ;
- veiller à ce que tous soient informés ;
- préparer les dossiers correspondants.

Traiter ou transmettre les demandes de renseignements (externes et internes).

Accueil : recevoir et filtrer les visiteurs.

Courrier :

- prendre connaissance du courrier ;
- l'enregistrer occasionnellement ;
- veiller à la qualité de tous les documents émis.

Veiller au respect des échéances fixées par le Directeur pour les dossiers ou réponses attendus.

Missions complémentaires

Classement des dossiers

Dactylographie occasionnelle :

- des comptes rendus d'appels téléphoniques ;
- des notes et courriers ;

Rédaction de lettres courantes

Gestion de l'emploi du temps du chauffeur de Direction, en fonction du planning du directeur.

Relations

En *interne*, principalement avec :
- le cabinet du Directeur général ;
- le cabinet du Président de la commission supérieure et du Président de la commission de surveillance ;
- les membres des comités exécutifs et de direction et leurs secrétariats respectifs ;
- les services rattachés à la Direction générale ;
- les services des moyens généraux, de la communication externe et interne.

En *externe* avec, notamment :
- le ministère des Finances ;
- les directions des réseaux partenaires ;
- les organismes professionnels ;
- les caisses de retraite.

Responsabilités

Sous la responsabilité du Directeur général, travaille en étroite collaboration avec sa secrétaire.

Caractéristiques personnelles

Ce poste requiert : une grande disponibilité et une grande discrétion, une grande vigilance, des qualités relationnelles certaines, une bonne présentation, une excellente mémoire et l'expérience d'un secrétariat de direction de haut niveau dans une entreprise de taille importante.

Niveau de formation

BAC + 2 minimum
Très bon niveau d'expression orale et écrite
Expérience de 5 ans minimum d'un secrétariat de direction

Modalités d'intégration

Une période de recouvrement d'un mois environ est prévue pour la mise au courant de la personne recrutée.

Exemple d'analyse de poste (avec observations)

ÉQUIPIER D'UN SERVICE DE RESTAURATION RAPIDE

I. L'étape de reconnaissance sur le terrain, avec feuille de repérage, débouche sur une liste des tâches de l'équipier, à effectuer dans un ordre précis, telle que présentée par le visiogramme suivant, page 85 :

II. Une première grille d'observation est composée, et propose l'étude de quatre phases de la conduite du poste : les phases se déroulent dans l'ordre chronologique proposé, chacune comporte plusieurs sous-tâches qui sont à effectuer dans des conditions d'efficacité liées au temps et à la fréquence, pages 86 et 87.

Cette grille sera essayée pour test de fiabilité, auprès de quelques équipiers, dont le nombre sera à déterminer en fonction de la population totale d'équipiers de la chaîne de restauration et dans des points d'activité représentatifs, à des heures différentes, matin, midi, soir, par exemple, ou heures de calme et heures de presse.

III. Après le test et au vu des résultats qui ont montré que les exigences du poste reposaient davantage sur les données suivantes :
- efficacité d'exécution
- respect de l'hygiène
- présentation et tenue
- contact avec la clientèle
- relations avec la hiérarchie
- relations avec les collègues,

une nouvelle grille est construite pour recueillir une note par équipier sur chacune de ces données majeures (en suivant les échelles établies comme ci-après, pages 88 et 89).

VISIOGRAMME

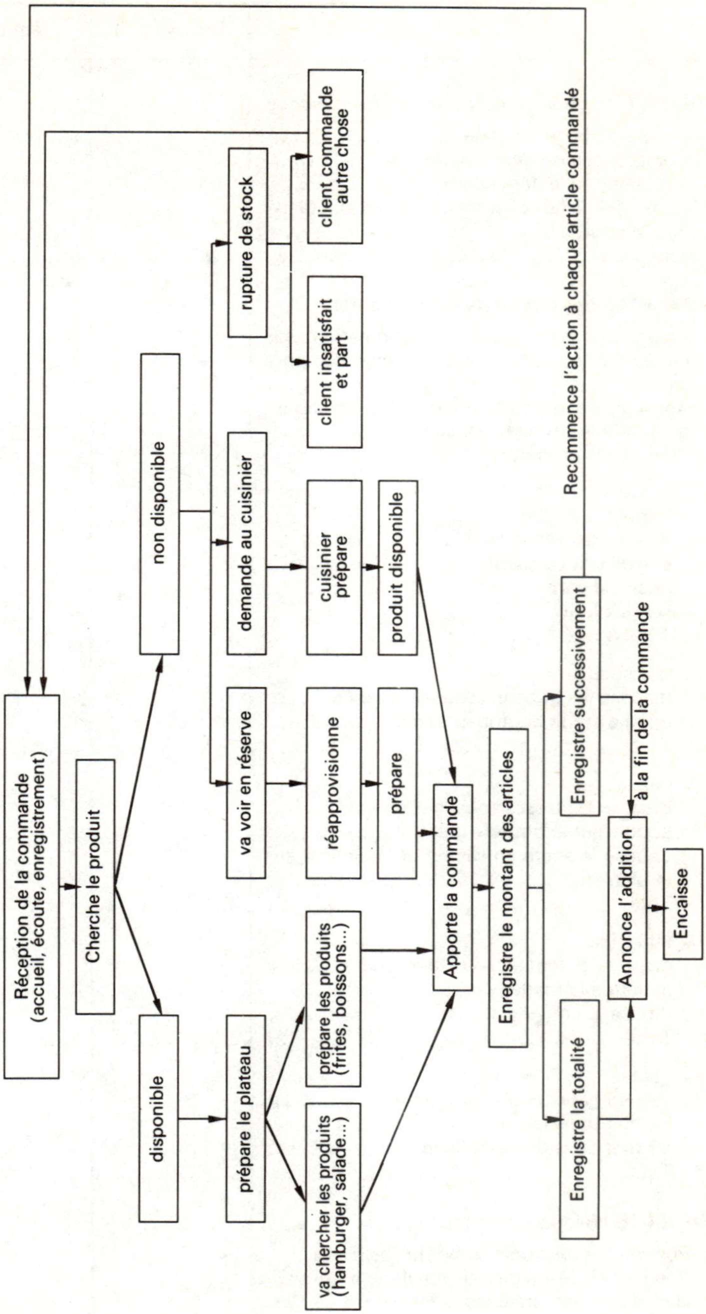

	Temps (mn)	Fréquence
PHASE I. *Accueil et réception de la commande*		
– Ecoute de la commande		
– Compréhension de la commande		
– Réceptionne la commande		
– Demande si la consommation est sur place ou à emporter		
Total	....	....
PHASE II. *Préparation de la commande*		
– Prend un plateau (si consommation sur place) ou un sac (si consommation à emporter)		
– Apporte les produits disponibles (hamburgers, salades, bouteilles, canettes)		
– Prépare les produits :		
• frites :		
remplit le panier		
les plonge dans l'huile		
surveille la cuisson		
relève le panier		
sert les frites		
Total	....	....
• boissons :		
dispose les gobelets sous le réservoir		
appuie sur le bouton-pressoir		
Total	....	....
• café :		
dispose les tasses sous le réservoir		
appuie sur le bouton-pressoir		
dépose le sucre en sachet et la cuillère sur le plateau		
Total	....	....
• milkshake:		
dispose le gobelet sous le réservoir		
actionne la manette		
dipose le couvercle		
Total	....	....
• gâteaux :		
sert les gâteaux du réfrigérateur		
les met dans le four		
les met dans un emballage		
Total	....	....
PHASE III. *Réapprovisionnement*		
– Remplit le présentoir de bouteilles d'eau		
– Remplit les réservoirs si gobelets, à couvercles, à boissons fraîches, à milkshake		

– Etiquette et dispose les plats de salade sur l'étalage		
– Réapprovisionne les paniers à frites		
– Demande au cuisinier de les préparer (si les produits ne sont pas disponibles)		
Total	....	....
PHASE IV. *Encaissement*		
– Tape le montant des articles sur la caisse enregistreuse		
→ soit tape la totalité de la commande		
→ soit tape successivement le montant des produits		
– Annonce l'addition		
– Tape la somme reçue		
– Rend la monnaie si nécessaire		
– Met le ticket de caisse sur le plateau		
– Souhaite « bon appétit »		
Total	....	....

REMARQUES SUR :

Conditions d'exécution	Hygiène Accueil Tenue vestimentaire	
Réaction de la clientèle	Agacement Amabilité Changement de file	

Echelles

	1	2	3	4
Efficacité d'exécution	– Très mauvaises coordination des tâches – Incidents répétés dans la préparation des produits, l'exécution de la commande et l'encaissement – Se laisse très souvent déborder – Lenteur d'exécution (importante file d'attente à la caisse en permanence)	– Exécute les tâches successivement sans réelle coordination – Erreurs fréquentes dans la préparation des produits, l'exécution de la commande et l'encaissement – Est rapidement débordé aux heures d'affluence – Fait attendre les clients	– Assez bonne coordination – Est capable d'exécuter les différentes tâches – Peu d'erreurs dans l'exécution de la commande, la préparation des produits... – Maîtrise assez bien la situation	– Très bonne coordination des tâches – Maîtrise la situation : ne fait jamais d'erreurs d'exécution de la commande... – Très bonne rapidité d'exécution (les clients sont servis rapidement)
Hygiène	– Ne respecte jamais les règles élémentaires d'hygiène – Fume pendant son service – Manipule divers produits (ménagers et alimentaires) sans jamais se laver les mains	– Respecte rarement les règles élémentaires d'hygiène	– Respecte dans l'ensemble les règles élémentaires d'hygiène – Nettoie quelquefois le comptoir	– Respecte parfaitement les règles élémentaires d'hygiène – Ne fume jamais pendant son service – Se lave toujours les mains entre les manipulations
Présentation et tenue	– Hygiène vestimentaire et corporelle très négligées (mains sales, uniforme taché, cheveux décoiffés) – Ne fait aucun effort de présentation – Débraillé	– Hygiène vestimentaire et corporelle laissent parfois à désirer – Certains éléments de bonne présentation font défaut	– Hygiène vestimentaire et corporelle sont correctes dans l'ensemble : uniforme propre, mains propres, cheveux attachés	– Hygiène vestimentaire et corporelle irréprochables et soignées (uniforme toujours impeccable, démarche élégante...)

Suite...

Contact avec la clientèle	– Très peu réceptif aux besoins de la clientèle – Ne sourit jamais (peu avenant, mal aimable, attitude désagréable) – Emploie un ton sec et manifeste de l'empressement auprès des clients	– Continue sa tâche même si le client attend – Paraît mal à l'aise – Distrait, peu attentif, fait répéter quelquefois la commande	– Poli mais n'établit pas de contact chaleureux – Ne fait pas attendre le client – Fait le nécessaire pour remplir sa tâche	– Aimable, attentif, serviable, souriant, avenant, poli – Va au devant du client pour ne pas le faire attendre – Bien considéré par la clientèle
Relations avec la hiérarchie	– En permanence à l'origine de conflits avec le supérieur direct – Discute systématiquement les ordres et les consignes – Pas du tout apprécié par la hiérarchie	– Relations souvent tendues avec le supérieur direct – Accepte difficilement les consignes qu'on lui donne – Peu apprécié par la hiérarchie	– Rapports corrects avec la hiérarchie – Accepte la discipline et les consignes – Bien considéré par la hiérarchie	– Excellents rapports avec le supérieur direct – S'impose une discipline – Très coopératif – Très apprécié par la hiérarchie
Relations avec les collègues	– Pas du tout apprécié par ses collègues – N'aide jamais personne – Relations conflictuelles avec ses collègues – Pas d'esprit d'équipe	– Indifférence des autres vis-à-vis de lui – Peu de relation avec les autres – Aide les autres seulement à leur demande – Manifeste peu d'esprit d'équipe	– Relation privilégiée avec certains de ses collègues – Essaie d'être le plus disponible possible – Assez bien estimé par ses collègues – On peut faire appel à son esprit d'équipe	– Toujours disponbile pour aider ses collègues – Très estimé par tous ses collègues – Relations amicales – Esprit d'équipe développé

Chacun des critères sera affecté d'un coefficient rendant compte de son importance comparative : avec les données, il sera possible de calculer un score de réussite global, pondéré avec la grille suivante :

2e grille d'observation

EQUIPIER

Nom ....

Age ....

Point de restauration ....

Heure ....

OBSERVATEUR

Nom ....

	Scores (de 1 à 4)	Coefficients	Scores pondérés
Efficacité d'exécution		3	
Respect de l'hygiène		2	
Présentation et tenue		2	
Contact avec la clientèle		3	
Relations avec la hiérarchie ...		1	
Relations avec les collègues ..		1	
Total			

Trois classes de notes sont prévues, entre le score global minimal de 12 et le score maximal de 48 :

de 12 à 23 évaluation médiocre

de 34 à 35 évaluation moyenne

de 36 à 48 bonne évaluation

ce qui permettra de classer les équipiers.

IV. L'analyse du contenu des grilles recueillies fournit de quoi présenter une définition précise du poste d'équipier.

L'équipier doit assurer quatre fonctions principales :

1. accueil et réception de commande,
2. préparation de la commande,
3. réapprovisionnement,
4. encaissement, dans les conditions suivantes :
   a) Efficacité d'exécution, des points de vue de la coordination des tâches, de la rapidité d'exécution, des erreurs de préparation des commandes ;
   b) Respect de l'hygiène, observation des règles, observation des consignes concernant l'usage du tabac, le soin des mains ;
   c) Présentation et tenue, respect de l'hygiène corporelle, effort vestimentaire, soin des cheveux ;
   d) Contacts avec la clientèle, amabilité de l'accueil, empressement auprès des clients, mimiques et ton adaptés ;
   e) Relations avec la hiérarchie, discussion des ordres, de la discipline, estime des chefs ;
   f) Relations avec les collègues, disponibilité aux autres, estime des collègues en rappelant la :

POSITION DE L'ÉQUIPIER AU SEIN DE L'ORGANIGRAMME

MANAGER
|
ASSISTANT
|
MAJOR
|
ÉQUIPIER
|
STAGIAIRE

et les

HORAIRES : jour ....
nuit ....

RÉMUNÉRATION ....

LIEUX DE TRAVAIL POSSIBLES ....
....
....

Bibliographie sur l'analyse du travail et sur la grille de Kelly

G. Karnas
« L'Analyse du travail », in C. Levy-Leboyer, J.-C. Sperandio, *Traité de psychologie du travail*, PUF, 1987, ch. XXXI, p. 603.

V. de Keyser, M.-N. Beauchesne-Florival et D. Motte
Analyser les conditions de travail, EME. ESF, Paris, 1982.

J. Leplat
La Psychologie ergonomique, Que sais-je ?, PUF, n° 1883, 1980.

J.-P. Loup
Gestion sociale, Les Editions d'Organisation, 1986, Paris.

M. de Montmollin
Le Taylorisme à visage humain, PUF, 1981.

M. de Montmollin
Les Motivations des motivateurs, Journées SFP, 1986, p. 187.

R. Mucchielli
Etude des postes de travail, EME ESF, 1984, Paris.

M. Perche
« Méthodes de recrutement » in *Traité de psychologie du travail*, C. Levy-Leboyer, J.-C. Sperandio, PUF, 1987, Ch. XXVIII, p. 557.

J. Regnier
L'Amélioration des conditions de travail dans l'industrie, Masson, 1980.

R. Ribette
Technique de gestion du personnel, Editions techniques de l'ingénieur, 21 rue Cassette, 75006 Paris, 1984.

J.-C. Sperandio
La Psychologie en ergonomie, PUF, Paris, 1980.

CL. Levy-Leboyer, M. Gosse et V. Naturel
« Une nouvelle vieille méthode : la *repertory grid* de

KELLY », *Revue de Psychologie appliquée*, vol. n° 35, 4e trimestre, 1985.
« Représentation des activités de travail et hors-travail : une étude de la faisabilité de la grille de KELLY », *Revue internationale de psychologie sociale*, 3-4, 1988.

P. OLIVIERO
« De la théorie des construits personnels : de G. A. KELLY à la pratique de la *Repertory Grid* », *Cahiers de la psychologie sociale*, n° 34, avril 1987.

Chapitre 6

LE RECRUTEMENT

Deux possibilités pour recruter en entreprise :
- utiliser les services d'une agence spécialisée et dans ce cas connaître sa manière de procéder et savoir qu'elle fera appel aux futurs employeurs des candidats à certains moments du recrutement (analyse de poste et entretiens de contact) ;
- assurer l'organisation complète de la sélection.

Les quatre étapes d'un recrutement

Les deux types de solution obéissent au même schéma de construction d'opération.

PREMIÈRE ÉTAPE

A partir d'une analyse de poste de travail ou de fonction, élaboration d'une annonce, si l'on désire procéder à un large recrutement, ou à un profil de poste ou de fonction si on choisit l'approche directe par téléphone ou par consultation de fichiers de personnel ou d'écoles de formation (annuaires).

L'analyse de poste ou de fonction est fournie par les services demandeurs de personnel : elle sera si possible complétée de commentaires des dirigeants, d'observations sur les lieux de travail et de documentation déjà existantes (organigramme, comptes rendus d'activités, articles de journaux d'entreprise décrivant le poste ou la fonction).

Dans l'annonce ou sur le mémo de préparation du recrutement, seront nommés les documents que chaque candidat devra fournir pour monter son dossier : curriculum vitae, lettre d'accompagnement, photo (si on le désire), inventaires biographiques (1) et références. Les plus courants sont le curriculum vitae et la lettre d'accompagnement que l'on demande de rédiger généralement à la main, à des fins d'analyse graphologique quand on utilise cette méthode.

DEUXIÈME ÉTAPE

L'ensemble des documents concernant chaque candidat va être constitué en dossier.

Le dossier c'est aussi, pour des raisons d'organisation, un cahier imprimé qui sera rempli par les personnes ayant répondu à l'annonce ou à une invitation, après un tri si de trop nombreuses personnes se manifestent. (Voir exemple p. 108). Y sont habituellement notés des renseignements complémentaires de ceux du curriculum, standardisés par le recrutement pour pouvoir comparer les candidats entre eux.

Toute autre pièce concernant la sélection pourra être ajoutée, comptes rendus d'entretiens de prise de contact, résultats des tests et des analyses graphologiques (si entreprises).

---

(1) Banque de données organisées qui permet de définir l'individu à travers les événements de sa vie passée, et, ensuite, d'utiliser cette définition pour prédire des conduites futures. (In C. Levy-Leboyer, *Evaluation du personnel, op. cit.*)

TROISIÈME ÉTAPE

Un listing va être mis sur pied pour les entretiens :

– l'entretien psychologique destiné à approfondir les aspects de la personnalité mis en avant par le candidat dans le curriculum vitae en les comparant aux résultats des tests et autres profils ; c'est le moment privilégié où l'interviewer (il vaut mieux qu'il soit psychologue ou du moins qu'il ait suivi une formation spécifique) va évaluer le potentiel du candidat et sa correspondance avec le profil recherché. Deux séances peuvent avoir lieu, pour les candidats ayant un profil intéressant, la première pour un premier face-à-face, la deuxième pour le choix parmi un groupe restreint de candidats.

Quel que soit le mode de recrutement retenu, il faut passer par l'entretien psychologique et considérer que c'est l'un des moyens actuels de sélection parmi les plus fiables (2).

Dans le cas de très nombreuses candidatures, plusieurs interviewers peuvent avoir à intervenir : dans ce cas, une séance de préparation et de formation au recrutement spécifique sera organisée. (Voir déroulement de l'entretien p. 100).

– les entretiens avec les différents collaborateurs intéressés par le recrutement : ils auront lieu pour chaque candidat, à condition qu'ils ne soient pas très nombreux (ne pas multiplier les interlocuteurs et réserver les plus importants aux derniers individus en lice).

Ils sont dits de contact (avec le chef du personnel et avec le futur chef direct) par opposition à l'entretien psychologique.

QUATRIÈME ÉTAPE

C'est une étape de prise de décision qui fait intervenir deux types d'aides, pour nommer le candidat le plus valable :

– évaluation des comptes rendus de chaque entretien, rédigés et analysés par chaque interviewer, quelquefois codés sur une grille de synthèse (voir p. 116) ;

– réunions de synthèse au niveau de l'organe de recrutement de l'entreprise, au niveau du service demandeur de nouveau personnel,

(2) C. Levy-Leboyer, *L'Evaluation du personnel, op. cit.*

avec les collaborateurs et responsables qui auront rencontré les candidats.

Séquence de recrutement

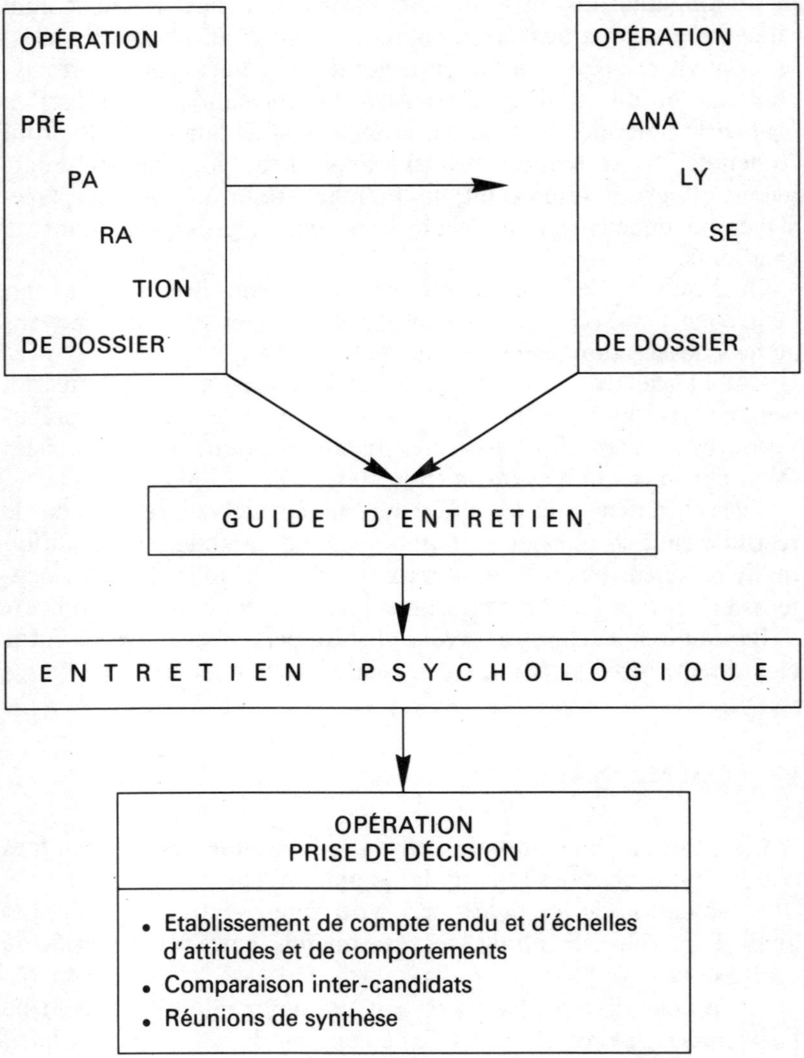

Préparation d'entretien psychologique

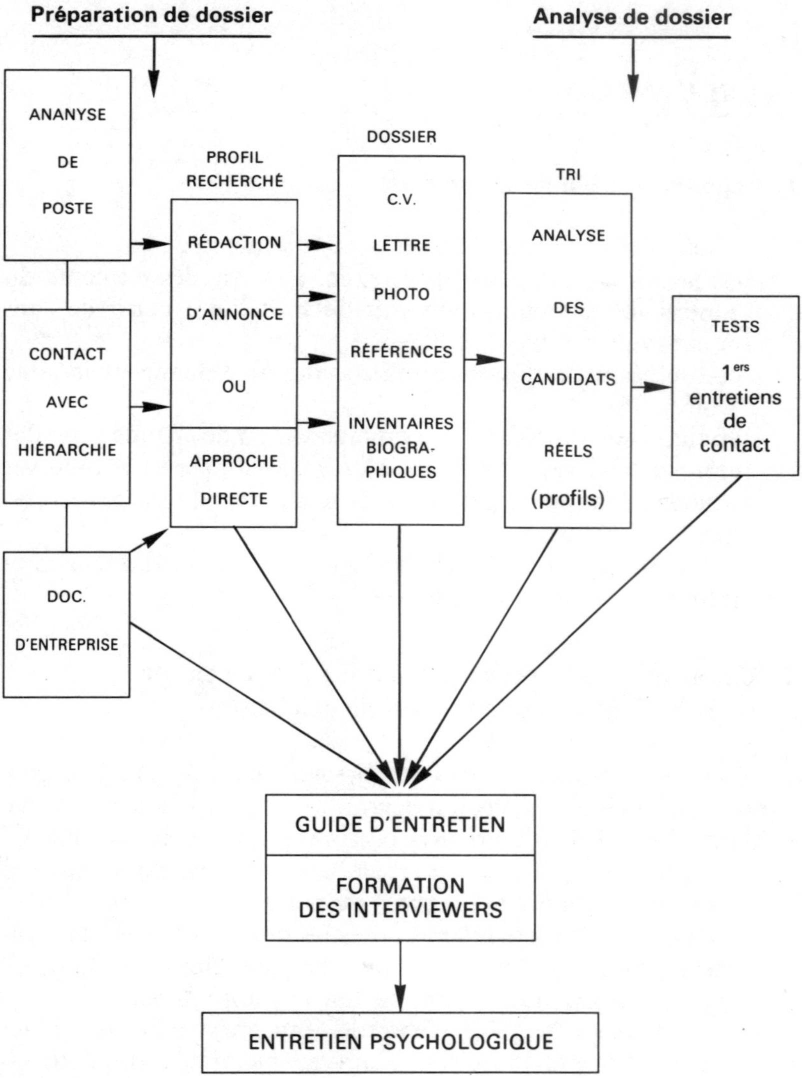

Déroulement de l'entretien de sélection

AVANT L'ENTRETIEN

1. Standardisation de la méthode

Plusieurs points sont à observer pour le structurer :
- élaboration d'un guide d'entretien, à partir des éléments du contrat de communication spécifique, défini à partir de l'annonce (voir p. 49) ;
- consultation du dossier établi comme précédemment indiqué (voir p. 96) ;
- appréciation du contrat de communication de chaque candidat en cherchant les points sensibles à développer et à observer pendant l'entretien, aux lumières conjointes du guide d'entretien et du dossier ;
- préparation matérielle (choix du local, de la méthode d'enregistrement et de prise de notes).

2. Formation des interviewers (s'il y a lieu, en cas de consultations très nombreuses de candidats)

En cas de consultations très nombreuses de candidats, il devra y avoir plusieurs interviewers qui devront pouvoir appliquer la même méthode. Leur formation pourra comporter les phases suivantes :
- informations générales sur la sélection en cours, à développer à partir de l'annonce et du profil du poste ou de la fonction ;
- analyse des dossiers retenus après les différents tris et des synthèses les concernant, donnant des indications sur le profil général des candidats ayant postulé et étant retenus ;
- apprentissage du guide d'entretien qui présente les domaines qui devront être abordés pendant les interviews, afin de trouver la personne correspondant le mieux, ou qui a le plus de chance de s'approcher du profil requis ;
- évocation et confrontation des styles de questionnement à adopter pendant les entretiens.

PENDANT L'ENTRETIEN

Schéma général d'entretien

1. Accueil et installation du contrat de communication, par présentation réciproque des statuts et des rôles.
2. Présentation du plan de déroulement général de l'entretien.
3. Consigne de démarrage de l'entretien.
4. Evocation des différents points du guide d'entretien, selon les techniques de reformulation et de questionnement propres aux méthodes choisies (voir ci-dessous).
5. Observation du langage non verbal du candidat, regard, voix, gestes, postures.
6. Prise de notes et enregistrement du discours.

Différents styles de conduite d'entretien

A. **Les interviewers peuvent adopter différents styles**

– Le plus connu et sans doute le plus employé est un dérivé de la méthode non directive mise au point par C. Rogers : utilisant l'empathie et l'application du sens psychologique, l'interviewer utilisera la semi-directivité qui l'autorisera à poser des questions directes à un certain moment de l'entretien. Cette attitude a pour avantage de diminuer le temps parfois trop long d'une interview qui risque ainsi de dévier des thèmes principaux recherchés ; elle permet de revenir sur les aspects les plus riches en information d'un dialogue qui doit être utile. Mais le jeu des reformulations et des questions restera dans l'optique du respect et de la compréhension du candidat, en utilisant l'empathie, source de mise en confiance et de non-implication.

– La provocation, défendue par J. Tixier (3) pour l'approche et la détection de dirigeants, s'appuie également sur une attitude semi-directive : il a pour but de créer une communication adulte et d'aboutir à une forme de négociation avec le candidat, en alternant la compréhension et l'agressivité calculée. Provoqué par le jeu des questions précises et orientées, le candidat va montrer les lacunes de son personnage et va être mis à jour. C'est un style à la fois directif, car l'interviewer impose son jeu, et projectif, car en se défendant, le candidat se raconte mieux.

– Le paradoxe, manié par les disciples de l'école nord-américaine de Palo Alto, est une pression exercée sur les candidats pour les

(3) J. Tixier, *L'Entretien provocateur*, *op. cit.*

pousser à en dire plus sur leurs attitudes et opinions, dans une perspective nouvelle ou inconnue d'eux. Trois actions sont à la disposition de l'interviewer :

- le recadrage pour faire évoluer la présentation du discours de l'interviewé ;
- la prescription paradoxale pour obtenir un « vrai » discours en suggérant le contraire ;
- la double contrainte pour faire évoluer le discours du candidat en le poussant dans ses contradictions.

– Le programme personnel, ou aptitude à montrer des indices d'organisation intérieure, neurolinguistiques, verbaux ou non verbaux (PNL). Après une synchronisation de l'entrée en relation entre interviewé et interviewer, celui-ci va observer le discours du premier en calibrant ses énoncés et par influence, procéder à l'ancrage des échanges.

– L'analyse transactionnelle qui est une sorte d'exploitation ludique des attitudes du discours : selon E. Berne tout individu présente trois aspects différents, un aspect enfant, un adulte et un parent, et s'exprime successivement selon ces trois plans dans des stratagèmes, des scenarii, des rackets, situations de rencontre avec d'autres individus que l'on peut exploiter aussi en situation de recrutement.

– Le stress ou la déstabilisation, procédé utilisé pendant une certaine période par le personnel recruteur, mais qui n'a pas donné lieu à théorisation et à validation susceptible de convaincre la communauté.

B. Ces styles donnent lieu à différents types d'interventions principales et variables selon leur forme de direction :

semi-directif rogérien = reformulation / réitération
provocation = questions directes et orientées
paradoxe = contradiction
PNL = description du verbal et du non-verbal
analyse transactionnelle = conduite de jeux de situation (rôle)

D'autres formules peuvent enrichir l'une et l'autre de ces interventions :

– le test = « que feriez-vous si ? » ;
– l'incident critique = « décrivez un événement positif (ou négatif) qui a marqué votre vie professionnelle ».

APRÈS L'ENTRETIEN

1. Rédiger un compte rendu de l'entretien.
2. Procéder à une comparaison intercandidats, en remplissant des formules comparatives construites avec des échelles (voir p. 116).
3. Proposer un ou des candidats valables en :
   – provoquant des réunions de synthèse pour étudier et comparer les dossiers des candidats,
   – rencontrant les responsables pour présenter le candidat,
   – organisant un suivi...

Les opérations de recrutement et de sélection peuvent aussi utiliser avec réussite des techniques d'entretien de groupe (voir p. 55).

Conduite individuelle d'interviewer

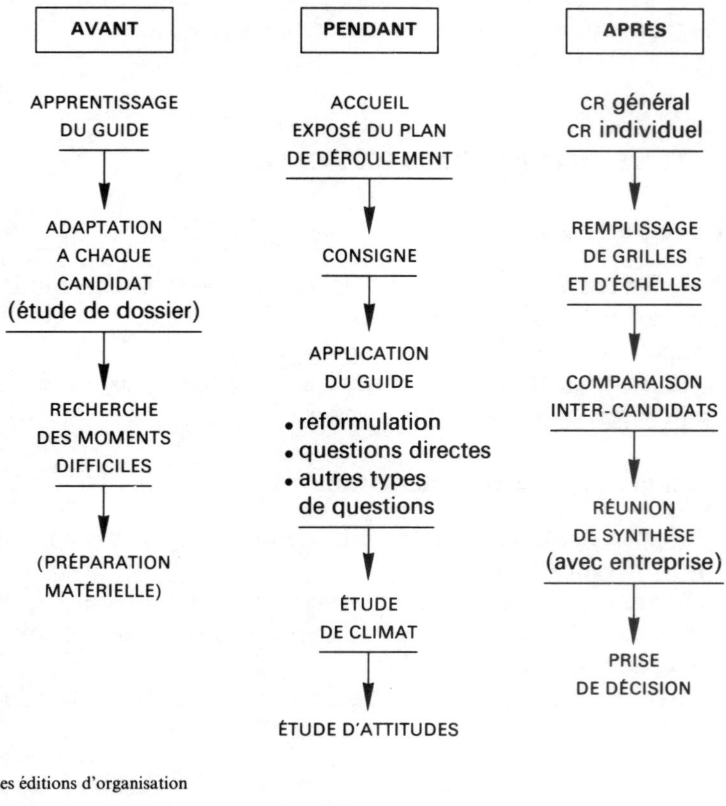

Exemple de recrutement

DIRECTEUR DES RESSOURCES HUMAINES

ANNONCE

La société Nata veut s'adjoindre les services d'un directeur des ressources humaines, âgé d'environ 35 ans, de formation supérieure (bac + 4), ayant obligatoirement une expérience des recrutements à tous niveaux et si possible une connaissance des autres aspects de la fonction, car il sera non seulement chargé de recrutement mais aussi de formation (sessions de management à organiser, suivi des cercles de qualité et de la politique d'information interne).

Les candidats doivent adresser pour faire acte de candidature une lettre manuscrite, un curriculum vitae et une photo.

ANALYSE DES FONCTIONS DU POSTE

1. Le recrutement

- Met en œuvre et participe à l'élaboration de différents outils de travail en matière de sélection.
- Supervise l'évaluation des employés en période d'essai.
- Maîtrise les techniques d'entretien adaptées aux différentes catégories du personnel à recruter.

2. Formation, gestion et animation

- Effectue l'inventaire des besoins de formation pour le personnel y compris les cadres.
- Organise des sessions de formation pour répondre aux besoins identifiés, en détermine les contenus et choisit les ressources nécessaires à leur réalisation.
- S'assure de la qualité des sessions de formation : suivi ; feedback.

3. Traitement de l'information – Politique de l'information interne

- Recueille les informations pertinentes (communication formelle et informelle).
- Analyse les informations.
- Collecte et regroupe les informations dans le but d'une coordination de travail efficace.

4. Communication et jugement – Suivi des cercles de qualité

- Conseille en utilisant des principes légaux, financiers, scientifiques, cliniques pour aider les individus.
- Négocie pour arriver à une entente.
- Persuade, enseigne, échange de l'information de routine ou plus spécialisée, dirige des réunions, parle en public, écrit des comptes rendus, écoute.

QUALITÉS REQUISES POUR LA FONCTION ET LE POSTE

- Avoir des talents de concepteur.
- Aptitude à faire face aux pressions sociales internes et externes.
- Aptitude à la communication.
- Adaptabilité face aux situations nouvelles.
- Intégrité intellectuelle.
- Esprit d'initiative.
- Volonté de servir les individus en les écoutant et en les aidant à se développer et à progresser dans l'entreprise.
- Compétence d'analyse de situations complexes.
- Perception objective des événements dans l'entreprise et capacité à prendre du recul pour mieux comprendre ces événements.
- Esprit ouvert et flexible : accepter les idées de l'autre et pouvoir analyser des situations problématiques.
- Persuasion et empathie afin que les employés agissent dans le sens des objectifs de l'entreprise.
- Capacité d'organisation et de planification.
- Capacité à mettre en place des relations positives aussi bien avec la hiérarchie qu'avec les subordonnés.

EXPÉRIENCE

FONCTIONS ACTUELLES

DATES	EMPLOYEURS	ACTIVITÉ	TITRE DES FONCTIONS

PRINCIPALES RESPONSABILITÉS	RÉMUNÉRATIONS	MOTIF DU CHANGEMENT

FONCTIONS ANTÉRIEURES

DATES	EMPLOYEURS	ACTIVITÉ	TITRE DES FONCTIONS

PRINCIPALES RESPONSABILITÉS	RÉMUNÉRATIONS	MOTIF DU CHANGEMENT

En cas d'accord, dans quel délai pouvez-vous être disponible ?

Autres informations que vous jugez utiles de signaler concernant les raisons personnelles/professionnelles qui motivent votre candidature.

DOSSIER DE CANDIDATURE

ÉTAT CIVIL

Nom : Prénom :
Date et lieu de naissance : Age :
Nationalité :
Adresse :
Tél. domicile : Tél. bureau :
Situation de famille :
Enfants (nombre et âge) :
Profession du conjoint :
Service militaire :
Du au Arme Grade
Si non effectué, motif :

ÉTUDES ET FORMATION

(y compris séminaires, cours du soir ou par correspondance)

Date	Etablissement	Nature des études	Diplômes obtenus

Langues étrangères :	bilingue	lu	parlé	écrit
1re	☐	☐	☐	☐
2e	☐	☐	☐	☐
3e	☐	☐	☐	☐

RÉMUNÉRATION

ACTUELLE ☐

SOUHAITÉE ☐

PROJET PROFESSIONNEL

Quel(s) type(s) de fonctions souhaitez-vous exercer en priorité ?

Quelle(s) orientation(s) souhaitez-vous donner à votre carrière ?

Quelles sont les étapes de votre carrière qui, à votre avis, vous auraient particulièrement préparé(e) aux fonctions auxquelles vous postulez ?

Si vous en aviez la possibilité, dans quel domaine seriez-vous intéressé(e) par une opportunité de formation complémentaire ou d'approfondissement ?

IMAGE PROFESSIONNELLE

Pouvez-vous définir brièvement les atouts dont vous pensez disposer, ainsi que les faiblesses ?

Citez dans l'absolu, trois défauts qui vous déplaisent le plus :

CENTRES D'INTÉRÊT

Sports pratiqués :

Violons d'Ingres :

Responsabilités sociales ou associatives :

DIVERS

Quelle est votre mobilité géographique ?

Acceptez-vous les déplacements ?

Fréquence :

Avez-vous une voiture ? Type : Année :

Date d'obtention du permis de conduire :

Merci d'avoir bien voulu remplir ce document.

Nous autorisez-vous par ailleurs à le conserver pour d'autres opportunités et à l'introduire sur notre fichier informatique ?

Oui ☐ Non ☐

Fait à Le

Signature :

LE GUIDE D'ENTRETIEN

Motivations pour le poste

Il s'agit de connaître les motifs qui poussent l'individu dans sa démarche de candidature.

- Eléments qui l'intéressent dans ce poste :
  ⇒ salaire, hiérarchie, responsabilité, tâches, conditions de travail...
- Différences existant entre poste antérieur et poste proposé :
  ⇒ critères travail, salaire, accroissement de son potentiel, conditions de travail...
- Projection dans l'avenir :
  ⇒ carrière possible dans l'entreprise...

Etat civil

Cette étape permet de connaître les problèmes personnels que le candidat peut rencontrer à court terme (résidence loin du lieu de travail proposé), ou à long terme (dans la perspective de déplacements, de mutation).

- Problèmes de résidence :
  ⇒ trajet, lieu d'habitation, connaissance région, possibilités de déménagement rapide...
- Problèmes familiaux :
  ⇒ divorce, enfants (malades, en bas âge), femme (travaillant, malade, perspective enfant), où sont situés les parents proches ?...
- Si perspectives de déplacements, mutation, horaires « élastiques » :
  ⇒ sa famille supporte-t-elle sans problèmes les contraintes liées à sa vie professionnelle (déplacements, dîners annu-

lés à 8 heures du soir, vacances réduites à la portion congrue).

Formation

Il s'agit d'examiner le niveau de formation (diplômes...) du candidat. Toutefois, il faut se méfier de ce critère unique : un diplôme ne prouve pas toujours que l'on ait acquis des connaissances. Il certifie la fréquentation d'un établissement d'enseignement précis. A côté de ce savoir, il faut prendre en compte le savoir-faire.

- **Diplômes**
  - Regarder si le niveau de diplôme correspond à celui demandé ;
  - filiation entre les différents diplômes : logique du cursus ⇒ démarche pour être complet, motivations, obligations... ;
  - programme suivi, les différents enseignements ;
  - cas « grandes écoles » : promotion de sortie, enseignants ;
  - stages de fin d'études : contenu... ;
  - mémoires ou rapports de stage : contenus, objectifs...
- **Stages de formation**
  - Contenu des différentes formations ;
  - cadre de ces formations : recyclage, perfectionnement professionnel, évolution de son potentiel... ;
  - inscription dans un plan de formation de l'entreprise ou émanant du candidat ;
  - le pourquoi de ces formations : objectifs, critères de choix.
- **Connaissances linguistiques**

  Dans le cadre des langues étrangères, le critère d'appréciation de la connaissance des langues vient de l'actualisation de ce potentiel :
  - s'est-il servi de cette connaissance dans son ancien travail ?
  - quand a-t-il été dans tel pays pour la dernière fois ?

Il faut également connaître le niveau pratique de cette langue :
- orale, écrite, comprendre, se faire comprendre.

Pour l'annonce en question, il est évident que ce critère est prépondérant (langue anglaise).

Dans le cas de langues supplémentaires, poser les mêmes questions.

Activités professionnelles

L'expérience professionnelle constitue un élément important du potentiel du candidat. Toute expérience bien menée le renforce. Toutefois, une expérience peut-être dévalorisante.

Détailler chaque expérience professionnelle :

- *Nature de l'entreprise :* secteur industriel, nom (si non indiqué dans le C.V., pourquoi ?).
- *Place du poste :* dans quelle fonction de l'entreprise se situe le poste ?
- *Situation de l'emploi* occupé dans l'ensemble de la fonction : que fait-il comme tâches essentielles ? (domaine des connaissances pratiques)
- *Relations* avec collègues, collaborateurs, supérieurs.
- *Filiation des différentes expériences :* distinguer ce qui a été voulu, construit ou subi ; définir si ces changements sont en relation ou sans but (évolution croissante...) ; s'il y a eu du changement, faire expliquer pourquoi.
- Se faire expliquer par le candidat des *événements* qui se sont produits dans ses tâches antérieures.
- Jugement du candidat sur la réussite de ces différentes expériences : Pour les douze mois peut-il citer les trois meilleures *réussites* dont vous êtes le plus fier, et expliquer ce qui lui a permis d'obtenir ces succès ? Faisaient-ils partie de sa mission ? Et ses trois derniers *échecs*, comment les explique-t-il ? » A quelles causes personnelles ou indépendantes de sa volonté attribue-t-il ses *échecs* ou ses réussites ?
- *Bilan* des points positifs et négatifs : apprécier la cohérence entre ce bilan et ses aspirations professionnelles actuelles.

A-t-il un plan de progression personnel ? Quel type de formation a-t-il prévu de suivre dans les mois à venir ?

Motivations générales

Il s'agit à ce niveau de s'entretenir avec le candidat sur ses différents loisirs, occupations extra-professionnelles. Et, par-delà ces activités, voir ce qu'il recherche dans leur pratique. En fait, c'est une partie importante qui permet de compléter l'approche de la personnalité du candidat, de connaître ses aspirations plus personnelles.

- Vie en association.
- Sport individuel, collectif : pourquoi ce choix ?
- Le questionner sur des thèmes généraux : argent – sécurité – famille – honneur...
- Voir si ses aspirations sont en accord avec ses motivations professionnelles : ses ambitions de carrière correspondent-elles à des désirs profonds, à ses goûts personnels, ou plutôt à des images, à des modes ? Son objectif principal est-il de s'impliquer totalement dans son job, ou souhaite-t-il consacrer un peu plus de temps à des activités extra-professionnelles, qui lui apportent davantage de satisfactions ?

Compte rendu d'entretien

CANDIDAT :

FONCTION : DATE :
(ou poste à pourvoir)

ORIGINE DE LA CANDIDATURE

Réponse à une annonce :

Candidature spontanée :

SITUATION DU CANDIDAT (en poste – licencié – démissionnaire – débutant – chômeur)

Disponibilité :

Autres recrutements :

	Dernière situation	**Situation souhaitée**
Fonction		
Salaire annuel		
Type d'entreprise		

Commentaires sur l'expérience professionnelle et la formation :

Observations :

Motivations :

Niveau intellectuel :

Personnalité :

Conclusions :

Grille de synthèse (intercandidats)

CRITÈRES \ CANDIDATS	1				2				3				4				etc.
	– –	–	+	+ +	– –	–	+	+ +	– –	–	+	+ +	– –	–	+	+ +	
Motivations																	
Disponibilité																	
Situation familiale																	
Eloignement du domicile																	
Formations																	
Supérieure																	
Complémentaire (stage)																	
Continue																	
Langues 1																	
2																	
3																	
Expériences																	
Recrutement																	
Direction de la formation																	
Pratique de l'information																	
Pratique des cercles de qualité et de gestion																	
Loisirs																	
Résultats aux tests																	

OPÉRATION DE RECRUTEMENT N°

Bibliographie sur le recrutement

C. LEVY-LEBOYER
Evaluation du personnel, Les Editions d'Organisation, Paris, 1990.

G. LAYOLE
La Conduite d'entretiens, Les Editions d'Organisation, Paris, 1982.

S. LIEVENS et M. CLIQUET
La Sélection du personnel aujourd'hui, Les Editions d'Organisation, Paris, 1983.

J. TIXIER
L'Entretien provocateur (sélection des cadres), EPI, Desclée de Brower, 1984.

E. VERNE
Comment conduire un entretien de recrutement, (guide pratique pour cadres d'entreprises), INSEP, Paris, 1988.

Chapitre 7

L'APPRÉCIATION DU PERSONNEL

Appréciation du personnel, mais aussi notation, évaluation, bilan professionnel, tout vocabulaire pour désigner une opération de politique des ressources humaines dans les entreprises et les organisations, tout mot pour caractériser une action d'interface entre responsables et exécutants, au cours de laquelle une estimation est faite de la situation professionnelle des salariés, de leurs savoirs, savoir-faire et savoir-être, ou de leurs connaissances, leurs performances et leurs comportements.

Un élément de la gestion des ressources humaines

En 1973, P. VINOT donnait une définition toujours valable de cette pratique : « Outil de gestion administrative, l'appréciation du personnel a pour objectif essentiel d'évaluer l'individu dans son rendement ou ses performances passées, afin de pouvoir le comparer soit à une norme de production, soit aux autres individus occupant des postes équivalents. Cette évaluation constitue un des facteurs qui doit permettre aux services du personnel de déterminer les différents plans de promotion, de rémunération ou de mutation.

Elle tend à devenir outil de direction de tous les managers. » (1)

De nombreuses conventions collectives et accords d'entreprise en stipulent l'organisation, comme l'accord à vivre d'une entreprise de construction d'automobiles : « Le dispositif d'appréciation s'inscrit dans le cadre de l'accord à vivre et du plan d'accélération du progrès de la direction des fabrications.

Il est destiné à favoriser la réalisation des objectifs de progrès que s'est fixée la direction des fabrications en recherchant une meilleure implication du personnel, au travers d'un échange périodique entre la hiérarchie et les membres de l'équipe qu'elle anime. »

Certains auteurs comme L. L. Cummings et D. P. Schwab situent ces programmes dans le noyau de la gestion du personnel, comme d'autres l'analyse de poste (voir p. 71) avec le schéma suivant :

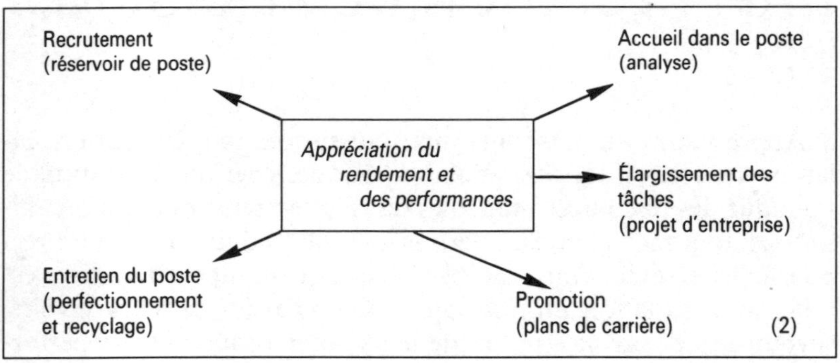

Leurs buts intéressent trois partenaires :

- l'organisation dans sa dimension la plus large, comme gestionnaire de l'efficacité de son système de production ;
- l'ensemble des salariés comme les plus intéressés, car à la fois bénéficiaires et acteurs du système ; ils attendent de l'évaluation une aide à la prise de conscience de leurs capacités et réalisations et aussi une possibilité d'élargir le champ de leur activité et de leurs savoirs au sein d'une entreprise qui tienne compte de leur personnalité ;

---

(1) P. Vinot, « L'Appréciation, problème d'organisation et de formation », *Revue de l'ANDCP*, 1974.

(2) L. L. Cummings et D. P. Schwab, *Performance in organizations determinants et appraisal*, Scott and Foresman, USA, 1973.

– et l'encadrement, plus particulièrement, qui verra son rôle atteindre des dimensions réelles de conseil à la formation et à la promotion de « son » personnel, tout en accédant à la gestion prospective de projets et de plans d'activités.

L'actualité des faits des entreprises françaises montre que c'est un aspect encore assez peu organisé de la gestion de leur personnel : malgré beaucoup d'essais, la formule n'a pas réussi à convaincre, du moins dans son application actuelle. Dans une enquête, 500 cadres ayant vécu des entretiens d'appréciation (3) explicitent le malaise existant : 40 % d'entre eux n'en ont perçu que des résultats peu attirants, 29 % aucun intérêt. 67 %, estiment que le dialogue avec leur supérieur n'a pas eu lieu, 91 % que l'entretien a été sans préparation, 81 % sans soin. Mais les résultats montrent aussi les cadres très avides d'engagement sur des objectifs (69 %), 7 % seulement refusent ce type d'entretien.

Un certain nombre de dysfonctionnements sont liés aux réactions des salariés, de l'encadrement, de la direction générale.

– Les salariés n'ont pas toujours des réactions positives, en ce sens qu'ils développent certains réflexes de *défense*, quand ils refusent d'être notés purement et simplement, ou de *dépendance*, quand pour faire plaisir à leur supérieur, ils disent oui à toute suggestion ; car derrière se profile une insécurité vis-à-vis de leur emploi ou de leur carrière.

– L'encadrement, le plus souvent, n'a pas la formation et l'autonomie nécessaires pour assumer la lourde tâche de gérer les ressources humaines, sans liaison avec les politiques générales conçues au niveau directionnel, alors que leurs responsabilités sont à 90 % d'ordre technique. Il entre en effet, dans le fait d'apprécier, un certain savoir concernant la perception des autres au sens psychologique du terme et aussi concernant la docimologie, même dans ses balbutiements.

– Les directions générales ont, quant à elles souvent « forcé » le système en imposant des procédures : J.-L. CHAUCHARD pose le vrai problème : « Gestion des carrières et appréciation des performances, pourquoi pas, mais à condition que la relation qui initialise le processus entre l'employeur et les salariés soit majeure et responsable. » (4)

---

(3) Etude de l'IFSE, entreprise qui diffuse en France le *DAT* (*Dimension Appreciation Training*), Paris 1983.

(4) J.-L. CHAUCHARD, *Précis de gestion du personnel et des ressources humaines*, Les Editions d'Organisation, Paris, 1987.

Généralement enfin, on note de la part des syndicats un désir de temporiser en ce qui concerne l'appréciation du mérite et les performances du personnel, car ils voient dans le déroulement de ces opérations certaines occasions de léser les intérêts des salariés, mais J.-L. TERRADE, présentant les opinions des différents syndicats (en 1990), constate l'ouverture aux discussions sur ce thème (5).

Il est vrai que dans le désordre des premiers essais, faute d'organisation et de suivi, il était difficile de souscrire à l'appréciation : sans préparation, n'importe quel type de questionnement à ce sujet a une forte tendance à rester lettre morte. Plusieurs sorts attendaient les fiches d'appréciation proposées dans ces climats :

- être remplies à la tendance moyenne pour l'ensemble des subordonnés, ou à l'encensement (ou la démolition) des mieux (ou des moins bien) « vus » ;
- rester au fond des tiroirs au service du personnel ;
- être l'objet de rapports laborieux jamais exploités au niveau des directions, de campagnes de dénigrement, etc.

P. VINOT disait aussi : « Le problème qui se pose à de nombreuses entreprises est de mettre en place un système efficace. Pour cela, il apparaît d'une part, que le système doit être construit de manière pertinente en fonction des objectifs visés par l'organisation, et d'autre part qu'il soit correctement utilisé à l'intérieur de l'entreprise. C'est grâce à un processus qui permettra d'atteindre ces deux points conjointement qu'une efficacité réelle des systèmes d'appréciation sera obtenue. »

Mais déjà, des organisations importantes redonnent du lustre à la méthode en suivant ces conseils. Dans le quotidien *Le Monde* du 6 mars 1991, M. LE FILLATRE, directeur à l'UAP, déclarait : « Nous venons de mettre au point une charte de la mobilité professionnelle sur la base de bilans des salariés, récemment instaurés dans le groupe, qui leur permettent de faire le point, d'exprimer un projet, de se prendre en charge, et qui requièrent de la part de la hiérarchie éthique et écoute. »

P. LEMAITRE indiquait en 1983 (6) les conditions de réussite de l'appréciation du personnel : être formalisée par écrit, signe de

---

(5) J.-L. TERRADE, *L'Appréciation du personnel ouvrier*, Les Editions d'Organisation, Paris, 1990 (chapitre 1).

(6) P. LEMAITRE, *Appréciation du personnel et entretien de bilan*, Les Editions d'Organisation, Paris, 1983.

l'engagement de l'encadrement, porter sur une période de temps définie et être reprise périodiquement, être faite par comparaison avec des critères précis et notamment par référence au travail effectué, déboucher sur l'avenir en dépassant le simple constat, être communiquée aux intéressés lors d'entretiens approfondis. Vaste programme à suivre.

Les quatre étapes de l'organisation d'une procédure d'appréciation du personnel

Il semble qu'il faille penser en termes d'objectifs de politique générale (sous les auspices de la direction) en s'appuyant sur des techniques psychosociales, dont plusieurs peuvent être utilisées, sinon toutes. Les promoteurs de leur organisation considéreront quatre étapes essentielles :

Première étape : état des lieux, pour mettre à plat les limites, l'espace et le champ de l'opération, en fonction d'objectifs.

Deuxième étape : examen des postes et des fonctions, pour cerner les activités et tâches en cours.

Troisième étape : création du protocole (questionnaire) d'appréciation, à partir des résultats des analyses de poste, dans le but de s'adapter aux objectifs généraux de l'opération.

Quatrième étape : organisation des séquences d'application du programme ou de la politique, depuis la distribution des rôles en passant par la formation des notateurs et le planning des rencontres par entretien, jusqu'au suivi à la direction générale.

En pratique fonctionnelle et en accompagnement, l'information du public salarié interviendra à toutes les étapes. Le but est de donner une image à l'opération, événement dans l'entreprise, et d'y préparer l'opinion, en utilisant les relais et media existants, dans une vision de facilitation et d'évitement des réactions d'anxiété.

PREMIÈRE ÉTAPE – DÉFINIR L'ÉTAT DES LIEUX

Quand la décision de lancer une campagne d'appréciation du personnel a été envisagée au niveau décisionnel qui convient, recueillir des informations, à l'aide d'entretiens si nécessaire, sur l'état de l'opinion des salariés, de l'encadrement et des relais d'opinion (dont les syndicats) et analyser leurs attentes, leurs représentations et leurs réactions au projet.

Si des opérations précédentes ont déjà eu lieu, étudier les formulaires déjà utilisés, la façon dont ils ont été remplis et recenser l'usage qui en a été fait.

Cet aspect du dossier permettra de « caler » la nouvelle opération à partir d'un vécu de situation ; elle apportera de quoi faire démarrer l'opération, en évitant les erreurs qui ont pu être commises auparavant.

Cette recherche préalable donnera un éclairage sur la façon dont les futurs appréciés et appréciateurs doivent être préparés, informés et formés, afin de réussir le projet.

Puis se poser deux questions.

– *A quoi va servir la campagne d'appréciation ?*
- repenser la politique de rémunération,
- préparer un plan de formation,
- préparer un plan de recrutement,
- lancer des cercles de qualité...

en bref, donner des limites au champ d'application de la campagne projetée.

– *En conséquence, se demander qui sera apprécié :*
- tout le personnel, en cas de projet général d'entreprise,
- un groupe particulier de salariés, visé par une amélioration des temps, du cadre ou du travail lui-même, ou par une opération de recrutement pour compléter une équipe...,

en bref, définir la ou les populations à atteindre.

A ce moment de démarrage, informer le personnel de l'entreprise consister à utiliser les médias les plus efficaces, c'est-à-dire les plus lus, flash d'information, article dans le journal d'entreprise et autres bulletins d'information, note officielle, lettre personnelle du président vers chaque salarié, etc. pour spécifier le déroulement du projet.

DEUXIÈME ÉTAPE – ANALYSE DU TRAVAIL

Si les postes et les fonctions ont été définis et revus récemment, leur analyse fournit, bien entendu, une base de préparation des futurs protocoles d'appréciation. Sinon, l'occasion s'en présentant, une campagne d'appréciation s'accompagnera d'une analyse préliminaire du travail. Il s'agit d'un travail important qui ne peut être que bénéficiaire à un service de ressources humaines souhaitant s'organiser (et l'on se référera au chap. 5 pour y procéder).

TROISIÈME ÉTAPE – CRÉER UN PROTOCOLE

Les protocoles d'appréciation tiennent à la fois du questionnaire et de la grille d'observation : en réalité ils sont d'un genre original, comportent des questions ouvertes ou fermées, des échelles de mesure d'attitudes, de comportements des descriptions d'incidents critiques de travail...

Observons l'exemple ci-contre :

– *1er espace :* y seront portés des renseignements généraux
  - repérage de la tâche, de la fonction,
  - désignation du service, de la direction auxquels appartient l'apprécié,
  - ancienneté dans l'entreprise,
  - nom de l'apprécié
  - nom de son responsable direct (appréciateur).

– *2e espace :*
  - description précise de la tâche, de la fonction,
  - place dans l'organigramme, dans la chaîne de travail,
  - prérequis nécessaires à sa conduite, résultats habituels par rapport aux objectifs.

Laisser la place pour des commentaires de l'appréciateur et de l'apprécié, proposer une échelle de notation pour certains points, faire la liste des facteurs ayant pu favoriser ou gêner l'accomplissement de la tâche.

NOM, PRÉNOM de l'apprécié ....
QUALIFICATION .... CLASSIFICATION ....
ANCIENNETÉ ....
LIEU D'EXERCICE .... DIRECTION ....
SERVICE ....
EMPLOI .... TITRE .... NIVEAU ....

NOM, PRÉNOM de l'appréciateur ....

APPRÉCIATION DES RÉSULTATS

citer des faits précis ↓

TÂCHES LIÉES À LA FONCTION AUTRES TRAVAUX OBJECTIFS PRÉCÉDENTS	....

PRÉREQUIS NÉCESSAIRES	OUI	LESQUELS	NON

ABSENCES		Stages		Accident
		Activité d'élu		Maladie

COMMENTAIRES

de l'appréciateur

de l'apprécié

– *3ᵉ espace :*
Etude du potentiel de l'apprécié en référence :
- au passé vécu par rapport au contrat de travail ou aux objectifs du service ; examiner des caractères généraux comme l'autonomie, l'adaptation au changement, l'initiative, la présentation... et les critères spécifiques du poste, comme la communication avec la clientèle, le nombre de commandes recueillies, la découverte de nouveaux clients...
proposer des espaces pour des commentaires (appréciateur et apprécié), des descriptions d'incidents critiques et des échelles de jugement ;
- à l'avenir par rapport à :
  - un développement de carrière,
  - un plan de formation et de promotion,
  - un projet d'entreprise ou de service,
- ... en utilisant les fenêtres idoines. Proposer des commentaires aux deux parties également.

– *4ᵉ espace :*
Des conclusions résumeront l'appréciation et donneront des lignes de conduite à tenir pour la prochaine période d'observation ; une liste de moyens à mettre en œuvre pourra figurer dans les fenêtres proposées.

A la fin du protocole, une large place, voire un feuillet sera spécialement réservé aux commentaires et de l'appréciateur et de l'apprécié, l'ensemble sera daté et signé par chacun des protagonistes (voir p. 130). Dans certains programmes, un autre supérieur peut superviser l'opération ; dans la multi-appréciation (voir p. 131) d'autres signatures pourront être recueillies.

Ce protocole est valable pour n'importe quel type de tâche ou de fonction : les termes en seront remplacés par de plus précis pour des postes plus pointus.

Au cours de cette étape, des tests de protocole peuvent être envisagés à titre de confirmation de la faisabilité de la formule, mais aussi à titre d'information auprès des futurs intéressés, afin de démontrer la volonté des promoteurs de rechercher une qualité de l'appréciation.

POTENTIEL INDIVIDUEL

* ACTUALITÉ :
CRITÈRES GÉNÉRAUX (citer des exemples précis, juger)
CRITÈRES LIÉS AU POSTE

	↓	conforme	à améliorer	excellent
Travail en équipe				
Autonomie				
Compétence technique				
Compréhension des objectifs				
Communication avec clients				

* AVENIR

Évolution dans le poste	
Développement des connaissances	

COMMENTAIRES
de l'appréciateur — de l'apprécié

NOUVEAUX OBJECTIFS

Points à améliorer

Moyens à mettre en œuvre

CONCLUSIONS
de l'appréciateur — de l'apprécié

COMMENTAIRES	
de l'appréciateur	de l'apprécié
SIGNATURE de l'apprécié de l'appréciateur	DATE :

QUATRIÈME ÉTAPE – ORGANISER L'APPLICATION DU PROGRAMME

C'est au cours d'entretiens, avec le protocole comme guide, que le programme va être appliqué. Les promoteurs constitueront un planning des rendez-vous nécessaires, communiqué à tous les intéressés :

– selon un calendrier prévoyant une périodicité des rencontres à l'intérieur du programme, comme dans les années suivantes (en accord avec les impératifs des accords d'entreprise, des conventions collectives ou des projets) ;
– sur liste des appréciateurs qui sont donc des responsables de service, de département ou d'équipe ; en principe, les systèmes

actuels dans les entreprises françaises prévoient seulement deux partenaires dans les entretiens ; il existe d'autres systèmes (multi-appréciation), dans lesquels des collègues, d'autres supérieurs, voire des subordonnés, peuvent participer à l'appréciation, en plusieurs rencontres, en individuel ou en groupe ;
- sur définition de listes des salariés à apprécier, si le programme ne vise qu'une population pointue.

Les opérations se feront en trois temps :

1er temps – Information et formation

Avant d'entrer dans l'exécution du planning, information et formation seront envisagées.

1. Vers les appréciés :
   - pour les préparer à rencontrer leur supérieur, un document leur expliquera le pourquoi du dialogue, visant la poursuite d'objectif ou l'amélioration des conditions de travail, etc. (voir l'exemple complet p. 140).

Le protocole lui-même pourra leur être proposé afin qu'ils puissent l'étudier, s'y habituer, voire le remplir ; l'entretien en sera plus précis et mieux vécu.

2. Vers les appréciateurs :
   - pour leur donner une information complète sur le programme ;
   - pour leur expliquer dans un document technique, comment rédiger le protocole d'appréciation ;
   - pour les préparer à conduire l'entretien d'appréciation avec leurs subordonnés (en sessions de formation si possible).

2e temps – Conduite de l'entretien d'appréciation

Ce temps est entièrement entre les mains des appréciateurs.

Avant l'entretien

Préparer l'entretien, en recueillant sur les futurs appréciés des informations à tirer des analyses de travail, de notes personnelles, de comptes rendus de projets, etc., en lisant le protocole.

Pendant l'entretien

Commenter les réponses données par l'apprécié sur le protocole en comparant avec ses propositions, ou suivre toute autre proposition choisie dans le programme.

L'entretien d'appréciation est une situation particulièrement délicate, et selon les observateurs peu de gens sont en confiance avant d'aborder ce genre de rencontre : car à l'évidence, c'est un moment important et déterminant de la vie du salarié, même s'il y a eu préparation auparavant (information et formation). Les crispations viennent de l'appréciateur comme de l'apprécié et engendrent ce que l'on nomme un cercle vicieux de réflexes de défense, « je suis le supérieur, je dois sauver la face », « je suis mis en cause, j'attaque », aboutissant à un blocage des situations. (7)

Sur le plan de la stratégie, l'entretien comprendra deux directions, l'une pour établir un constat des événements de la vie de travail du salarié, l'autre pour orienter les choix de l'avenir immédiat et plus lointain sous forme de définition d'objectifs liés à ceux de l'entreprise.

Après l'entretien

Rédaction d'une feuille de synthèse, à la lumière des faits vécus pendant l'entretien et communication des documents au lieu désigné par le programme et préparation du suivi.

3e temps – Suivi du programme d'appréciation

C'est une phase difficile à réaliser, car le plus important étant obtenu, c'est-à-dire la passation des protocoles, il semble que tenir des résultats soit suffisant. En réalité, les données recueillies sont à exploiter dans plusieurs directions :

– auprès de chacun des salariés par les appréciateurs directs, un retour (feed-back), quelle que soit la forme qu'on lui donne, est indispensable ; réunir un groupe de salariés du même service, proposer un second entretien, remettre un document de synthèse personnalisé, sont autant de « bonnes formes » ;

– au niveau d'un service, d'un département ou d'une direction, des réunions de synthèse organisées par les promoteurs seront utiles pour déterminer des plans de gestion plus larges ; il peut être no-

(7) Voir en particulier, chez P. Lemaitre, *op. cit.*

tamment question d'extension qualitative du programme d'appréciation : sur des populations nombreuses, à haut turn-over, à un certain moment de production intense par exemple, les protocoles d'appréciation peuvent être comparés par analyse statistique, afin d'établir des profils et des indices de capacités fort utiles (comme en analyse de poste voir p. 79) ; c'est ainsi que des plans de formation peuvent être mis sur pied, des plans de promotion, des projets spécifiques de politique de personnel ; les analyses de postes et de fonctions peuvent, comme cela a été suggéré, être complétées, enrichies ou dessinées de façon plus claire ;

– au niveau de la direction générale et donc de la direction des relations humaines, l'harmonisation des recueils d'appréciation fournit des éléments de politique à longue échéance.

Exemple de projet d'appréciation de personnel

CATÉGORIE DES CONDUCTEURS DE BUS

I. DÉFINITION DU PROJET

Note d'information à tout le personnel et affichage

Dans les prochains mois, se déroulera un programme d'appréciation du personnel conducteur d'autobus, pour répondre au projet d'entreprise de revalorisation des tâches décidé après les réunions des conseils de direction et de comité d'entreprise du début de l'année civile.

En voici les grandes lignes :

L'appréciation des conducteurs d'autobus se déroule sous forme d'entretien annuel, au cours duquel le supérieur hiérarchique direct de l'apprécié a pour objectif principal de cerner la performance du conducteur.

Cette tâche est d'autant plus délicate à effectuer que la fonction du conducteur suppose une série de comportements complexes dont les parts d'influence individuelle et de facteurs externes se décèlent très difficilement.

Pour évaluer cette performance, se pose le problème d'un outil permettant une certaine **standardisation** des caractéristiques, de manière à rester le plus près possible d'une certaine **objectivité**.

Ainsi l'appréciateur dispose-t-il d'une **grille d'appréciation** ainsi que d'un **guide d'utilisation de celle-ci.**

Permettant de structurer l'entretien et, avant tout, de créer le dialogue entre supérieur hiérarchique et subordonné, la grille conduit les deux parties vers un **consensus** quant aux objectifs (aussi bien personnels que communs à un service) et aux moyens à mettre en place pour les atteindre sur une période prédéterminée.

Le résultat essentiel visé grâce à cet outil sera, en définitive, l'élaboration d'un parcours, d'un plan de carrière et d'action, qui devront avant tout guider l'apprécié et faciliter une **démarche d'auto-estimation** de ses performances.

II. ANALYSE DU POSTE DE CONDUCTEUR D'AUTOBUS

A. Mission principale

- **Prendre en charge les voyageurs :**
  - en assurant leur montée et leur descente aux points d'arrêt ;
  - en les transportant avec un maximum de confort et de sécurité ;
  - en assurant leur accueil et leur information.

B. Mission complémentaire

- Conduire son véhicule en veillant à s'approcher au mieux des horaires prévus, en fonction des aléas de la circulation.
- Participer au contrôle des titres de transport.
- Faire acquitter le prix des billets et veiller à leur oblitération.

C. Responsabilités

- Assurer la sécurité des voyageurs au niveau du transport.
- Intervenir en cas d'accident et d'altercation entre passagers.

D. Caractéristiques personnelles pré-requis

– **Conditions minimales :**
- permis de conduire D ;
- casier judiciaire vierge ;
- être âgé de plus de 25 ans.

– **Personnalité :**
- sens des responsabilités (sécurité des passagers, tenue de la caisse, veille à l'état du véhicule) ;
- rigueur, sérieux (respect des horaires et des consignes de sécurité...) ;
- maîtrise de soi (conduite sûre, maintien du calme lors d'une réclamation d'un passager...) ;
- stabilité émotionnelle (sang-froid lors d'un accident, maintien de lucidité pour une analyse précise de toute situation...) ;

– **Capacités relationnelles :**
- amabilité (conscience de son implication dans l'élaboration d'une image positive du service, de la société...) ;
- efficacité dans la communication (renseignements clairs, rapides et pertinents).

– **Aptitudes physiques :**
- bonne santé générale (pas d'anomalie de vision ou d'audition) ;
- bonne coordination motrice et intellectuelle (capacité de conduire et de vendre un ticket en même temps...) ;
- temps de réaction et de réflexes correct (freiner à bon escient pour éviter un obstacle...) ;
- capacité de mémoire à long et à court terme (connaissance du parcours, signal au passager qui doit descendre à la prochaine station...) ;
- flexibilité au niveau des horaires (bus de nuit...).

– **Connaissance nécessaires et suffisantes :**
- connaissance de la conduite ;
- connaissance des itinéraires et du sectionnement des lignes d'affectation ;
- connaissance des procédures administratives en cas d'incidents, de pannes, d'accidents, d'objets trouvés ;

- connaissance des correspondances bus, métro, trains, pour informer les voyageurs ;
- connaissance de l'environnement des lignes : hôpitaux, monuments, travaux sur les trajets... ;
- connaissance du dépôt : situation, fonction...

III. PROTOCOLE D'APPRÉCIATION

DATE : ../../..

Présentation de l'apprécié

NOM : ....

MATRICULE : ....

FONCTION : ....

DATE D'ARRIVÉE DANS LE POSTE : ....

Présentation de l'appréciateur

NOM : ....

FONCTION : ....

DATE D'ARRIVÉE DANS LE POSTE : ....

Signature et remarques du responsable hiérarchique de l'appréciateur

Après prise de connaissance du dossier,

Signature : ....

Critères d'appréciation	Appréciation (1)				Commentaires
	A	B	C	D	
Connaissances professionnelles*					
Connaissances de l'environnement* a : ville b : lignes					
Niveau de technicité et d'expertise*					
Accueil et relation client* a : écoute b : réponse adaptée					
Autonomie/Initiative*					
Responsabilité* vis à vis : a : des voyageurs b : du matériel					
Engagement personnel*					
(1) A : Votre collaborateur répond au-delà des exigences du poste. B : Votre collaborateur répond aux exigences du poste. C : Votre collaborateur répond en partie aux exigences du poste. D : Votre collaborateur ne répond pas aux exigences du poste. * Voir définition des critères ci-dessous.					

Définition des critères

CONNAISSANCES PROFESSIONNELLES

Connaissances directement ou indirectement utilisables dans le poste, acquises par diplôme, expérience, formation continue, travail individuel.

CONNAISSANCES DE L'ENVIRONNEMENT

a) Connaissance des différents services (hiérarchie) et du fonctionnement de l'entreprise.
b) Connaissance des itinéraires et des correspondances.

NIVEAU DE TECHNICITÉ ET D'EXPERTISE

Ce sont les compétences techniques et le savoir-faire nécessaires à la maîtrise du poste : règles de conduite, procédures à suivre en cas d'accident, connaissance du tableau de bord.

ACCUEIL ET RELATION CLIENTS

Savoir écouter et prendre en compte les demandes ou les réclamations de chaque client et y répondre en se conformant à l'image de marque de la ligne.

AUTONOMIE/INITIATIVE

Etre capable de faire face à toute situation courante et de s'organiser en respectant les instructions de son supérieur hiérarchique.

RESPONSABILITÉS

a) Assurer la sécurité des passagers et être capable de maintenir l'ordre entre les passagers en cas d'altercation, de danger, de situations non courantes.
b) Etre vigilant et attentif à l'état de son matériel.

ENGAGEMENT PERSONNEL

Volonté de placer son énergie, de s'investir personnellement dans l'amélioration de ses connaissances, de ses compétences et dans la prise de responsabilités pour une plus grande efficacité personnelle et collective.

Plan d'action

Pour l'année prochaine, quels sont les objectifs que vous envisagez de vous fixer dans le domaine des connaissances, de vos compétences et de vos responsabilités ? (trois à quatre objectifs maximum)

Objectifs	**Indicateurs de performance** (nombre d'accidents dans l'année, respect des horaires, résolution des incidents lors d'un trajet, qualité du service clientèle)
....	

Souhaits de carrière

Quels sont les souhaits concernant votre carrière pour l'année à venir et à trois ans (promotion, transfert, maintien de la position et des fonctions actuelles) et les moyens que vous pensez mettre en œuvre (formation, investissement personnel, mobilité...) ?

Observations de l'apprécié

Observations de l'appréciateur

DATE : ../../..

Signature de l'apprécié : Signature de l'appréciateur :

IV. INFORMATION ET FORMATION DES APPRÉCIATEURS ET DES APPRÉCIÉS (GUIDE DE L'APPRÉCIATION) (8)

Buts et principes de la démarche

Faire le bilan

- Il porte sur l'intégralité de la période annuelle.
- Il s'appuie sur les éléments nécessaires collectés tout au long de l'année.
- Il est fondé sur le strict plan de la contribution personnelle et indépendamment des résultats collectifs.
- Il doit permettre de dire aux gens s'ils donnent satisfaction et si leurs objectifs ont été atteints, sinon pourquoi.
- Il doit permettre de détecter les nécessités de reconversion ou de recyclage.
- L'appréciation formulée par le responsable d'encadrement engage l'ensemble de la hiérarchie.

Etablir les perspectives

- Se concerter sur les nouveaux objectifs et les moyens de les atteindre. Pour faciliter leur appréciation ultérieure, ceux-ci seront fixés à l'aide d'éléments chiffrables et mesurables chaque fois que cela sera possible.
- Prendre en compte les aspirations individuelles et y apporter une réponse précise.
- Connaître les capacités professionnelles non utilisées.

Favoriser le dialogue entre la hiérarchie et le personnel

Ce dialogue a pour but de :
- permettre à chacun d'être connu et reconnu en tant qu'individu ; dans ce but, il est recommandé de limiter de 5 à 10 le nombre d'appréciés pour chaque appréciateur ;
- être utile aux intéressés ;
- harmoniser au mieux les points de vue et les intérêts de chacun (traiter les problèmes individuels, ou des conditions de travail) ;

(8) Proposé par une entreprise bancaire.

– clarifier la répartition des tâches et des responsabilités ;
– constituer un historique de la carrière et des compétences individuelles ;
– optimiser l'emploi des gens (faire coïncider le travail avec les capacités, faire évoluer les personnes sur les emplois existants).

Méthode : objectivité, clarté et équité de la méthode d'appréciation

– Les règles de l'appréciation doivent être connues de tous.
– L'appréciation doit être fondée sur des faits, des actes et non sur des impressions et des jugements de valeur.
– Elle ne saurait porter sur des aspects du comportement individuel qui n'interfèrent pas sur le résultat.
– Elle doit être conduite sérieusement et éviter l'arbitraire.
– Elle est établie indépendamment des perspectives budgétaires d'augmentations individuelles.
– La méthode doit assurer la continuité de l'appréciation individuelle en cas de changement du responsable direct ou des objectifs en cours d'année.
– En cas de conflit, une procédure d'arbitrage pourra être mise en place.

Rôle de l'appréciateur

En pratique...

1) Se **préparer** soi-même et inciter son collaborateur à se préparer de même à l'aide de documents fournis.

2) Fixer le rendez-vous avec son collaborateur environ **une semaine à l'avance**.

3) Prévoir un **bureau** qui favorise l'écoute et le dialogue.

4) **Accueillir** son collaborateur et rappeler le déroulement de l'entretien.

... et pendant l'entretien

1) A chaque phase de l'entretien, créer les conditions maximales d'expression de son collaborateur : **écoute, reformulation**.

2) Donner clairement son point de vue à partir de **faits concrets : distinction entre faits, opinions, sentiments**.

3) Rester dans des limites d'expectative **raisonnables** : ne pas s'attendre à l'impossible mais au possible dans les limites des capacités du sujet.

4) Penser en terme de résultats sur une **période de temps** plus ou moins longue et non pas en terme de détails qui ont frappé dans la vie de tous les jours.

5) Se rappeler qu'il s'agit de cerner les **compétences** du collaborateur et non pas sa personnalité.

Rôle de l'apprécié

Il se prépare à l'entretien d'appréciation qui a lieu après réception d'une convocation, à l'aide des documents mis à sa disposition :
- le guide de l'appréciation ;
- le protocole d'appréciation.

Cette démarche a pour but de favoriser la réflexion individuelle et de permettre à l'apprécié d'exprimer son point de vue pendant l'entretien. Après l'entretien, il dispose de quarante-huit heures pour donner son accord et signer le protocole. En cas de désaccord avec l'appréciateur et s'il retourne le protocole non signé, une procédure de recours est engagée : l'appréciateur doit organiser un nouvel entretien avec éventuellement d'autres participants. Si le conflit persiste, la direction des ressources humaines étudiera les raisons du litige et proposera des solutions possibles à son règlement.

V. SUIVI DU PROGRAMME D'APPRÉCIATION

- Recueil à la Direction des ressources humaines des protocoles signés et recenser les cas de non-signature pour enclencher les procédures de recours.
- Etude statistique des résultats, pour établir des profils à plusieurs niveaux, en tenant compte de l'âge, de l'expérience, des accidents...

– Analyse des résultats et recherche de :
  - réduction des échelles de salaire ;
  - redéfinition des classes de conducteurs ;
  - redéploiement des primes...

Bibliographie sur l'appréciation

B. M. Bass and G. V. Barrett
Man Work and Organizations, Allyn and Bacon, Boston, USA, 1972.

L. L. Cummings and D. P. Schwab
Performance in organizations : determinants and appraisal, Scott and Foresman, USA, 1973.

J. Diverrez
L'Appréciation du personnel, Entreprise moderne d'édition, Paris, 4e édition.

H. Dorra et G. Millet
Comment mener un entretien individuel et un entretien d'Appréciation, Dunod, Paris, 1982.

M. D. Dunnett
Handbook of industrial and organizational psychology, Rand, McNally, Chicago, 1976.

G. Layole
La Conduite d'entretiens, Les Editions d'Organisation, coll. « Formaction », Paris, 1982.

P. Lemaitre
Appréciation du personnel et entretien de bilan, Les Editions d'Organisation, Paris, 1983.

C. Levy-Leboyer et J.-C. Sperandio
Traité de psychologie du travail, PUF, Paris, 1987.

Y. Michaud ET R. Piotte
La Direction du personnel, Editions d'Arc, Québec, 1984.

J. Piveteau
L'Entretien d'appréciation du personnel, INSEP, Paris, 1985.

P. Vinot
L'Appréciation, problème d'organisation ou de formation, Revue de l'ANDCP (et IAE d'Aix-en-Provence), 1974.

J.-L. Terrade
L'Appréciation du personnel ouvrier, Les Editions d'Organisation, Paris, 1990.

Chapitre 8

LA GESTION DE LA FORMATION

Avec la loi du 16 juillet 1971, portant organisation de la formation professionnelle continue, la fonction formation s'imposa définitivement au milieu des entreprises, après avoir été un cheval de bataille dans les années précédentes, avec l'action d'un B. SCHWARTZ et d'un R. VATIER. Des responsables de personnel étaient déjà au diapason, comme D. DUGUE MAC CARTHY qui écrivait en 1962 : « La formation est l'ensemble des actions qui permet aux membres de l'entreprise de se mettre d'une façon permanente et progressive en condition de remplir leur fonction actuelle et future dans l'entreprise. C'est le chef qui est responsable de la formation de ses subordonnés. » (1) La loi spécifie dans son article 1er, que la formation permanente « a pour objet de permettre l'adaptation des travailleurs au changement des techniques et des conditions de travail, de favoriser leur promotion sociale par l'accès aux différents niveaux de la culture et de la qualification professionnelle ».

Elle stipule aussi que tout employeur occupant au minimum dix salariés doit consacrer au financement d'actions de formation professionnelle continue un pourcentage du montant des salaires payés par année : de 0,80 % en 1972, le taux a évolué autour de ce chiffre, pour être fixé à 1,2 % ces dernières années.

(1) D. DUGUE MAC CARTHY, *La Conduite du personnel*, Dunod, Paris, 1962.

Les programmes de formation se sont donc développés dans les organisations à partir de cette nouvelle obligation sociale ; il y eut des hauts et des bas dans l'application à des populations de salariés et de responsables pas toujours convaincus du bienfait du recyclage des connaissances et d'un nouveau dessein social. Souvent se retrouvaient sur les listes plus de volontaires (toujours les mêmes ?) que de nécessiteux en la matière (ceux qui en avaient besoin mais qui ne voulaient pas y aller !). L'histoire se raconte des volontaires au recyclage en jardinage et autre culture, très éloignée de la Culture et de la Technique !

Satisfaction professionnelle et performance économique

Mais crises et chocs économiques se succédant jusque dans les entreprises finirent par faire croire à la nécessité et à la valeur d'une formation d'un nouveau type, venant étoffer la formation initiale des salariés et leur permettre ainsi une évolution plus rapide dans leur carrière. Ce discours simpliste est là pour résumer les faits. Une nouvelle période s'ouvre maintenant : les responsables, aux niveaux les plus élevés des organigrammes, misent sur le bien-fondé d'une gestion saine d'une politique de formation.

Mieux encore, en 1988, J.-P. Soisson, ministre du Travail, de l'Emploi et de la Formation professionnelle, lance la campagne de modernisation négociée pour les entreprises. L'encourager c'est répondre à ce double enjeu économique et social d'une compétitivité accrue des entreprises et d'une situation meilleure pour les salariés. (2)

Pour l'atteindre, les pouvoirs publics offrent d'aider les entreprises : divers dispositifs de financement leur sont offerts pour gérer l'emploi, repenser l'organisation du travail, répondre aux attentes du personnel en négociant avec lui, le *former* en tenant compte des expériences de chacun. Développer l'investissement formation en est donc un objectif majeur qui :

---

(2) Brochure du ministère.

– *augmentera la qualité et l'efficacité* des plans de formation, en particulier du point de vue de leurs liens avec les projets de développement de l'entreprise (évolutions technologiques ; changement d'organisation et de mode de gestion) ;
– *contribuera à des regroupements de moyens* entre des entreprises pour diminuer les coûts et favoriser les transferts entre des entreprises appartenant à la même branche.

Les aides publiques aux branches serviront à :
– mener des travaux de prospective sur l'évolution des qualifications et des besoins de formation ;
– prévoir les implications sociales de la modernisation ;
– mettre en œuvre des politiques concertées de développement de la formation.

Deux armes principales dans cette campagne, *des diagnostics courts gratuits* (encourager les entreprises à anticiper de façon concertée et négociée leurs problèmes de conditions et d'organisation du travail, de gestion de l'emploi et de formation, de façon à ce que la modernisation ait les meilleurs effets à la fois pour l'entreprise et pour l'ensemble de ses salariés) qui ont concerné en 1989/1990 neuf cents entreprises, et *des engagements de développement de la formation* (accords pluriannuels conclus entre l'Etat et une branche professionnelle, une entreprise ou un regroupement d'entreprises afin de les inciter à développer et améliorer leur effort de formation) qui ont été signés, toujours en 1989/1990 par douze mille entreprises.

On y retrouve en écho les propos de J.-P. Loup, auteur en 1986 d'un ouvrage sur la gestion sociale d'entreprise : « La formation a pour but de permettre à chacun de maîtriser son métier, d'y évoluer, d'en changer et de comprendre son environnement économique, social et technique. La formation répond à la fois aux souhaits du personnel et aux besoins de l'entreprise et elle contribue au premier chef à l'atteinte de leurs objectifs : satisfaction professionnelle, performance économique. » (3)

Désormais, il est courant de rencontrer des projets d'entreprise fixant des objectifs de développement de la politique de formation, en liaison avec la gestion prévisionnelle des ressources humaines, responsabilisant notamment les directions à propos des compétences de leur personnel. Une stratégie offensive y est proposée pour affirmer l'image de l'entreprise : la rendre performante en dévelop-

(3) J.-P. Loup, *Gestion sociale*, Les Editions d'Organisation, Paris, 1986.

pant les capacités professionnelles suivant l'évolution des techniques, en favorisant la complémentarité de ses secteurs par une meilleure connaissance des uns et des autres, en se tournant vers l'Europe, etc. Les propositions concrètes de formation tournent autour de pôles d'intérêt :

- commercial, pour une plus grande efficacité des services de l'entreprise auprès des clients ;
- tertiaire, pour le développement de l'informatique et des technologies nouvelles ;
- technique pour l'adaptation à l'évolution des produits ;
- management, pour développer la gestion prévisionnelle chez l'encadrement...

L'ensemble de l'organisation de cette stratégie est généralement confié à une cellule particulière de la direction des ressources humaines, chargée de *coordination politique* (centraliser les informations relatives aux options choisies par les directions et élaborer des plans de formation), de *coordination pédagogique* (homogénéiser les différents processus de formation, par l'analyse des besoins de formation, le choix des procédés pédagogiques, suivre le déroulement des actions de formation, évaluer les actions terminées), de *coordination économique* (créer un suivi économique et statistique, mettre en place un système d'information et de bilan individuel).

Dès 1969, B. Roux disait : « Participation de tous les intéressés à tous les niveaux, recherche incessante des besoins réels et des formations adéquates, information large et organisée, tels sont les principes fondamentaux selon lesquels les entreprises peuvent et doivent apporter leur concours à la formation des adultes. » (4)

---

(4) B. Roux, *La Formation permanente*, Edition du Centurion, Paris, 1969.

Les trois phases d'un programme de formation

Trois phases sont à décomposer dans un programme de formation.

PHASE 1

Elle sert à identifier et recenser les besoins en formation de l'entreprise. Différents moyens peuvent être employés : établir un catalogue des formations possibles (5), celles à réaliser à l'intérieur de l'entreprise en classant les cours par catégories d'apprentissage et de connaissances, celles offertes sur le marché extérieur et pouvant satisfaire des besoins et de l'entreprise et de chaque salarié, recommandées et sélectionnées par la cellule formation et la Direction. Chaque proposition de formation visera un but précis dans un plan et un objectif de développement de l'entreprise (voir l'encadré cours de langue ci-après) ; des renseignements pratiques, dates, lieux, noms des formateurs, y figureront afin d'aider à la planification dans les services, le présenter à l'ensemble des salariés par le biais des médias d'entreprise, par le relais des cadres dans une politique d'appréciation des performances, ou par incitation générale (6). Incitateurs de décision d'après J.-P. Loup, des quotas peuvent être fixés par an et par personne et accompagner la liste des objectifs et des cours, afin de vaincre résistance et inertie.

---

(5) On reconnaît généralement cinq domaines à la formation continue en entreprise : *le perfectionnement technique* lié à la profession ; *les méthodes de gestion et de management*, organisation, gestion financière, connaissance de l'entreprise, relations humaines ; *le renouvellement des connaissances professionnelles techniques* ; *la connaissance des problèmes et des milieux économiques* ; *la culture générale*, apprentissage de langues, de l'informatique...

(6) L'exposé des critères du Programme d'Enrichissement Instrumental (PEI) des professeurs Feurstein et Rand, devrait intéresser les salariés et leur faire prendre conscience des enjeux possibles de la formation : 11 critères de médiation pour une remédiation systématique (capacité à réinvestir dans les activités scolaires ou professionnelles, les compétences acquises).

1) Médiation du sentiment de compétence

Pour combattre les mécanismes de défense centrés sur l'échec, il faut reconnaître

Extrait d'un catalogue

COURS DE LANGUES	PLAN N°
LIEU : Siège social LANGUES PROPOSÉES : – anglais/américain – allemand – espagnol – italien – russe – japonais – chinois MÉTHODES INDIVIDUELLES – logiciels pédagogiques – cassettes video – films, documentaires – bibliothèque MÉTHODES ACCOMPAGNÉES (avec soutien d'animateur) – laboratoire de langues – réseau de chaînes TV internationales HORAIRES Du lundi au vendredi : 12 h - 14 h 17 h - 20 h INSCRIPTIONS Fiche à remplir au verso	

---

les compétences des individus en leur donnant les moyens d'agir efficacement seuls. Prendre confiance en soi est une étape essentielle dans le PEI.

2) Médiation du défi

Donner l'occasion de réussir des choses difficiles pour donner envie d'aller plus loin.

3) Médiation du sentiment de partage

Savoir exposer ses problèmes pour trouver ensemble une solution. Savoir écouter les autres.

4) Médiation de la différenciation psychologique

Travailler ensemble signifie que chacun apporte ce qui fait sa richesse personnelle.

5) Médiation de l'intentionnalité

Le médiateur donne ses intentions, définit des objectifs clairs et les moyens de les

PHASE 2

Les candidatures aux programmes de formation seront recueillies par la cellule formation, par le relais des responsables des services car les décisions au niveau de la sélection des personnes et des formations à suivre sont prises par les services, à la lumière des objectifs du plan de l'entreprise connu de tous. Traiter la somme des candidatures revient à remplir un planning général reflétant l'ensemble du plan de formation de l'entreprise. Les congés-formation qui autorisent les salariés ayant l'ancienneté requise de quitter l'entreprise en étant payés par elle pour des études diplômantes seront traités dans le même plan.

Après les décisions prises et les autorisations données, la cellule entreprendra son rôle d'organisateur de chaque session qui consistera à envoyer les convocations aux salariés concernés par le plan et à contacter les organismes extérieurs et les formateurs internes et externes.

---

atteindre. Cela s'appuie sur des relations réciproques permettant d'éviter les malentendus.

6) Médiation de la signification

Les actes doivent être en accord avec les mots. Il est indispensable d'expliquer son comportement (il est toujours question d'intentionnalité, mais cette fois-ci dans les actes).

7) Médiation de la transcendance

Tout ce que l'on fait s'inscrit dans le temps : tirer des leçons du passé pour agir aujourd'hui en tenant compte de ses objectifs futurs.

8) Médiation de la régulation du comportement

Prendre conscience des défaillances à corriger ou des actions adaptées à répéter. Cela demande de maîtriser son impulsivité.

9) Médiation de l'atteinte d'objectifs

Définir des objectifs clairs et mettre en œuvre des stratégies pour les atteindre.

10) Médiation de la prise de conscience de changement et de la modifiabilité

Accepter sa « nouvelle peau » et la faire accepter aux autres. Cela veut dire aussi que les autres peuvent changer !

11) Création d'une alternative optimiste

Ce critère repose sur l'idée que tout individu peut changer quel que soit son âge.

Fiche de candidature

CELLULE FORMATION	
PLAN N°	CONFIRMATION DE CHOIX DOSSIER N°
NOM :	PRÉNOM : ....
CENTRE : .... SERVICE : .... DIRECTION : .... CATÉGORIE PROFESSIONNELLE : .... ANCIENNETÉ : .... N° DE TÉLÉPHONE :	
INTITULÉ DU STAGE :	
DANS PLAN D'ENTREPRISE ☐	HORS PLAN D'ENTREPRISE ☐
RAISONS DU CHOIX :	
ORGANISME DE FORMATION : .... ADRESSE : .... DATES CHOISIES : .... COÛT/FRAIS déplacement .... hébergement .... divers .... COMMENTAIRE HIÉRARCHIQUE : .... ACCORD DÉFINITIF DATE : .... SIGNATURE :	

PHASE 3

C'est une phase de suivi auprès des différents acteurs du programme de formation, l'entreprise, le salarié, le formateur. Plusieurs temps pour traiter le processus où ils interviennent tour à tour.

– Dès la fin des sessions de formation, recueil des impressions auprès des salariés. Il s'agit de les saisir à « chaud » pour les comparer éventuellement à celles qui pourront être relevées quelques mois après le retour dans l'entreprise ou la fin de la session interne. Ce sont les représentations d'un vécu récent : elles concernent des points de méthode ou de pédagogie ou de contenu. Elles sont importantes car elles reflètent des attitudes larges envers les choix et les objectifs de l'entreprise et des attentes personnelles. Elles s'obtiennent à l'aide de questionnaire ou en entretien individuel ou de groupe (voir fiche p. 154 Support d'entretien individuel).

Les formateurs et organismes extérieurs fourniront un compte rendu du déroulement des sessions.

– Quelques temps après (semaines, mois), envoi d'un nouveau questionnaire (ou organisation d'un entretien de groupe comme dans l'exemple complet p. 155), distribué aussi bien au salarié qu'à son responsable, qui rapportera les effets à long terme de la formation sur le développement professionnel des formés.

– Recherche au niveau général de l'entreprise d'amélioration et d'ajustement d'objectifs à partir du plan de départ, avec redéfinition des rôles, choix des personnes à promouvoir à former à nouveau, sélection de nouvelles formations...

PREMIÈRE ÉVALUATION DE FORMATION
(support d'entretien)

SESSION INTERNE : ....
EXTERNE ORGANISME : ....
ADRESSE : ....

CONTENU DU STAGE*

Satisfaisant |_|_|_|_|_| Pas satisfaisant

Intéressant |_|_|_|_|_| Pas intéressant

Clair |_|_|_|_|_| Pas clair

Enrichissant |_|_|_|_|_| Pas enrichissant

PÉDAGOGIE (cocher dans la case qui reflète votre avis)

	BIEN	A REVOIR
ANIMATION		
SUPPORTS		
DOCUMENTS		

OBJECTIFS*
généraux du projet d'entreprise
spécifiques du service

Remplis |_|_|_|_|_| Pas remplis

PROFIT PERSONNEL*
plan technique
culture générale

Atteints |_|_|_|_|_| Pas atteints

COMMENTAIRES

Individuels	Hiérarchiques

* Situez votre point de vue sur l'échelle.

Exemple d'entretien de groupe

POUR ÉVALUER LES EFFETS D'UNE FORMATION À LA CONDUITE D'ENTRETIEN D'APPRÉCIATION

INVITATION

INFORM
Siège social
28, rue Serpente
75006 PARIS

La Direction des ressources humaines organise un débat d'idées par entretien le 25 juin prochain à 14 h au siège social (salle 25).

Cet entretien se situe dans la perspective de la campagne d'appréciation qui débutera avec la prochaine année civile. Il a pour but d'évaluer l'apport d'une formation à l'entretien d'appréciation, suivie par une trentaine de nos cadres, afin de se préparer aux rencontres programmées appréciateur/apprécié (voir article dans le journal d'entreprise de décembre 1990).

Le débat sera dirigé par L. LOUIS, chef de service consultant du cabinet Astre.

Y participeront :

MMES :	BLANC	DIRECTION GÉNÉRALE
	VERT	CONTRÔLE
	ROUGE	FINANCES
	BRUN	COMMERCIAL
MM. :	DUPONT	RELATIONS HUMAINES
	DURAND	COMMERCIAL
	DUCHOUX	PRODUCTION
	DUSEL	MARKETING
	DU PIN	COMPTABILITÉ

Le débat durera environ 2 heures.

PROGRAMME

14 h : accueil des participants
présentation des thèmes de la réunion

14 h 15 : plan de l'entretien débat :
- confrontation d'expériences
- élaboration d'un plan de travail

– discussion
– fin de l'entretien-débat

16 h : fin de l'entretien-débat

Un compte rendu sera envoyé à toutes les personnes intéressées qui se feront connaître (bureau 1008).

RÉFLEXION SUR LE THÈME

L'évaluation portera sur deux dimensions du stage « Formation à l'entretien d'appréciation » :
– apport théorique de la méthode,
– entraînement pratique à la méthode.

A partir de ces données devraient être abordés les chapitres suivants :

- VALEUR DE L'ENSEIGNEMENT,
- VÉCU DE L'ENSEIGNEMENT,
- ASSIMILATION DE LA TECHNIQUE,
- ESSAI AUPRÈS DES SALARIÉS.

Ce document servira :
– de guide d'entretien à l'animateur ;
– de guide de réflexion aux participants ;
– d'aide à la construction de la grille d'observation (s'il y a lieu).

Grille d'observation

DÉBAT-FORMATION À L'ENTRETIEN D'APPRÉCIATION (deux personnes par observateur pour le recueil des propos)		
	P 1	P 2
I. Valeur de l'enseignement		
II. Vécu de l'enseignement		
III. Assimilation		
IV. Essais		
V. Avis sur session (synthèse)		

COMPTE RENDU
de l'entretien-débat d'idées sur la FORMATION DES CADRES
à l'entretien d'appréciation

25 juin 15 h au siège social

Animateur : M. FROID (en remplacement de L. LOUIS)
Etaient présents (participants) :
MMES, MM., BLANC, DUPONT, DUCHOUX, DURAND, DU PIN, DUSEL, BRUN, ROUGE, VERT.
MM. LAPIE, LALO, LATE (service du personnel).

Thèmes abordés :

VALEUR DE L'ENSEIGNEMENT : apport théorique réel, distribution de bibliographie, commentaires de lectures, questions libres après exposés.

VÉCU DE L'ENSEIGNEMENT : jeu de rôle à chaque séance, essais de vidéo, grilles d'appréciation testées en vraie grandeur.

ASSIMILATION : correction individuelle des défauts, reconnaissance des défauts des collègues des sessions, six semaines après la première partie de session.

ESSAIS : document fourni pour évaluer essais auprès des futurs appréciés, discussions avec responsables de session.

CONCLUSION : avis sur session, à recommander.

Bibliographie (très succincte) sur la formation

P. BESNARD et B. LIETARD
La Formation permanente, PUF, Que sais-je ?, Paris, 1976.

B. ROUX
La Formation permanente, Edition du Centurion, Paris, 1969.

B. SCHWARTZ
L'Insertion professionnelle et sociale des jeunes, La Documentation française, Paris, 1981.

R. VATIER
Ingénieurs et Techniciens de la mécanique, PUF, Paris, 1962.

Chapitre 9

L'AUDIT DES RESSOURCES HUMAINES

C'est dans les années 1980, que le mot audit commença à faire fureur sur le marché de la gestion : il s'agissait alors uniquement d'audit financier, mais dans ces dix dernières années le mot s'accola à d'autres domaines de la gestion d'entreprise et l'on peut se documenter à l'heure actuelle sur des ouvrages concernant l'audit social, l'audit comptable, l'audit d'information interne, de communication, de culture... (1).

Du bilan social à l'audit des ressources humaines

Mais qu'est-ce qu'un audit et que fait-on d'un audit ?

Dans une perspective de stratégie d'entreprise, on peut en dire que c'est une technique de veille, c'est-à-dire que c'est un moyen d'observer les mouvements, flux et reflux du contenu des programmes de gestion. Les auteurs anglo-saxons, pionniers en la matière, disent que l'audit est une revue critique aboutissant à l'évaluation d'un travail déterminé, après analyse et investigation des

(1) Treize titres dans le catalogue général des Editions d'Organisation, 1990.

domaines et des publics intéressés. Les données recueillies servent à corriger et infléchir les politiques d'entreprises examinées.

Il était inévitable que l'audit fût pratiqué en gestion des ressources humaines : l'emploi du terme audit social s'est greffé sur un terrain préparé. Le défricheur en France fut dans les années 1970, Claude ROBERT, fondateur de l'association Informations et Collectivités et chef de service de la communication interne d'une multinationale.

Persuadé que les techniques psychosociales, et en particulier le sondage d'opinion, donnaient à l'entreprise les moyens de laisser s'exprimer en toute objectivité ses salariés, d'établir ainsi un diagnostic précis sur le climat organisationnel et enfin, d'en déduire des programmes de gestion efficaces (2), il entraîna derrière lui un cortège de chefs d'entreprises françaises et de décideurs politiques. Le mouvement se concrétisa avec le programme SUDREAU de la réforme de l'entreprise, où de larges chapitres sont consacrés au rôle de l'information et de la communication et en 1977 et 1982, par les lois faisant obligation aux entreprises de plus de trois cents salariés d'élaborer chaque année un bilan social.

Le bilan social doit aider les directions d'entreprise à gérer et contrôler les processus sociaux, à conserver et améliorer leur rentabilité en évitant les mécontentements du personnel, susceptibles d'affecter la productivité. Le bilan social, pour ce faire, réalise une enquête et procure des informations brutes sur sept chapitres de la vie sociale de l'entreprise :

Chapitre I : EMPLOI, et sous-chapitres, effectifs, travailleurs extérieurs, embauche, départs, promotion, chômage, handicapés, absentéisme.

Chapitre II : RÉMUNÉRATIONS ET CHARGES ACCESSOIRES, et sous-chapitres, montant des rémunérations, hiérarchie rémunérations, mode de calcul, charges accessoires, charge salariale globale, participation financière des salariés.

Chapitre III : CONDITIONS D'HYGIÈNE ET DE SÉCURITÉ, et sous-chapitres, accidents de travail et de trajet, répartition des accidents par éléments de travail, maladies professionnelles, comité d'hygiène et de sécurité, dépenses en matière de sécurité.

---

(2) C. ROBERT, « L'Enquête d'opinion dans l'entreprise ». Revue *Personnel*, nov.-déc. 1970, n° 138.

Chapitre IV : AUTRES CONDITIONS DE TRAVAIL, et sous-chapitres, durée et aménagement du temps de travail, organisation et contenu de travail, conditions physiques de travail, transformation de l'organisation de travail, dépenses d'amélioration des conditions de travail, médecine du travail, travailleurs inaptes.

Chapitre V : FORMATION, et sous-chapitres, formation professionnelle continue, congés-formation, apprentissage.

Chapitre VI : RELATIONS PROFESSIONNELLES, et sous-chapitres, représentants du personnel et délégués syndicaux, information et communication, différends concernant l'application du droit du travail.

Chapitre VII : AUTRES CONDITIONS DE VIE RELEVANT DE L'ENTREPRISE, et sous-chapitres, œuvres sociales, autres charges sociales.

R. DANZIGER (3) explique les deux utilisations possibles du bilan social : ou les entreprises le considèrent comme une obligation administrative, et il ne sert à rien pour l'évolution des relations humaines et le développement de l'entreprise, ou dirigeants et salariés adoptent la démarche imposée par la loi et la transforment en opérateur de progrès social, en s'en servant comme d'un instrument de prévision, au même titre que le bilan financier. Dans certaines entreprises, la parution annuelle du bilan social est utilisée comme plate-forme d'information et de communication : un message d'introduction du président-directeur général présente les faits sociaux de l'année et la politique sociale envisagée, y implique le personnel, mais aussi prend des engagements vis-à-vis de lui.

Ainsi considéré, le bilan social rejoint la notion d'audit des relations humaines : J.-M. PERETTI et J.-L. VACHETTE ne le confondent pas avec lui, mais en font un instrument de recherche et d'enquête majeur, à ajouter à la liste d'autres techniques, entretiens à différents niveaux de hiérarchie et de représentation syndicale, analyse documentaire des comptes rendus des travaux sociaux de l'année, étude du travail (postes, fonctions et tâches), enquête par sondage. Pour ces auteurs, l'audit social, en analysant systématiquement les forces et les faiblesses de l'entreprise en matière de politique sociale,

(3) R. DANZIGER, *Le Bilan social, outil d'information et de gestion*, Dunod Entreprise, Paris, 1983.

permet l'établissement d'objectifs compatibles avec les autres objectifs, qu'ils soient financiers, commerciaux ou structurels (4).

La pratique de l'audit social vise une gestion large de la conduite du personnel. A l'intérieur de ce chapitre, d'autres pratiques d'audit s'intéressent à des sous-chapitres très pointus.

– La culture d'entreprise ; moteur de la recherche d'identité pour les salariés, elle concerne la direction de la conduite du personnel, et préconise l'utilisation des fonctions d'information et de communication dans les entreprises. Ph. SCHWEBIG (5) en est un des promoteurs, quand il dit que cette pratique passe par plusieurs démarches :

- mieux comprendre les champs de représentation d'image d'entreprise du personnel ;
- mieux cerner les processus d'identification à l'entreprise ;
- mieux évaluer le poids de l'histoire de l'entreprise ;
- mieux juger l'émergence des valeurs nouvelles ;
- mieux évaluer les atouts et les contraintes, les opportunités et les menaces, les potentialités et les risques lors des décisions quotidiennes des évaluations de projets d'entreprise ;
- déterminer efficacement l'expression de l'identité à travers les actions.

– La conformité d'exécution de programmes spécifiques : ainsi qu'il l'a été indiqué pour l'appréciation du personnel, par exemple, un audit peut être mis sur pied, en suivi d'une politique, pour en vérifier la mise en œuvre, en mesurer les effets et en faire naître d'autres projets.

– Les négociations en cours de conflits, dans le règlement desquels les techniques psychosociales, depuis l'entretien individuel ou de groupe, jusqu'au questionnaire ou à l'observation en cours de réunion, permet l'accès à des échanges et des informations constructifs.

Et encore bien d'autres programmes de veille.

Pour expliciter cet aspect des audits de gestion de ressources humaines, l'exemple suivant étudie l'utilisation d'un questionnaire,

---

(4) J.-M. PERETTI et J.-L. VACHETTE, *Audit social*, Les Editions d'Organisation, Paris, 1984.

(5) Ph. SCHWEBIG, *Les Communications d'entreprise*, Editions Stratégie et management, Paris, 1988.

dans le choix d'une politique d'aménagement des temps de travail.

D'autres techniques auraient pu être employées, seules ou regroupées :

- entretiens individuels avec des relais d'opinion (responsables, encadrement, représentants du personnel) ;
- entretiens de groupe avec populations représentatives.

Exemple de projet de sondage

QUESTIONNAIRE SUR LA RÉORGANISATION
DES CONGÉS À L'OCCASION DU PROJET
D'ENTREPRISE D'OUVERTURE AU MARCHÉ 1993

THÈME GÉNÉRAL DU PROJET

Ayant projeté de supprimer la fermeture de l'entreprise en août, afin de mettre sur pied un roulement de présence pendant les mois d'été, pour faire face aux demandes de l'exportation et peu à peu s'adapter aux réalités du marché de 1993, la direction générale de votre société* confie au directeur du personnel, dont vous êtes l'adjoint, la réalisation d'une enquête rapide auprès du personnel, par voie de questionnaire (10 questions maximum) dans le but de sonder ses premières réactions à ce projet.

**Fiche signalétique*

Nom : INFORM
Production : micro-ordinateurs portables
Implantation : Tour Nobel (La Défense) 16e, 17e, 18e étages.
200 salariés dont 10 directeurs et cadres supérieurs :

- 85 cadres ingénieurs
- 75 agents techniques
- 30 agents
  - comptables
  - secrétaires
  - entretien
  - sécurité

Age moyen des salariés : 30 ans. Hommes et femmes pour moitié.

1. Redéfinition du thème

A - Objectifs du sondage/questionnaire

A propos de l'aménagement des congés, en fonction du futur marché 1993, obligeant à un développement de l'accueil commercial pendant les mois d'été, sonder le personnel de l'entreprise sur la manière dont il se sent concerné. En même temps, mesurer les attitudes sur les possibilités pratiques d'aménagement des congés, selon les incidences individuelles de disponibilité, techniques, structurelles ou familiales.

B - Plan de construction du questionnaire, avec trois types de questions

1. *Questions d'ouverture*/mise en condition, à propos des attitudes et attentes des salariés vis-à-vis du projet d'entreprise d'ouverture au marché 1993.
2. *Questions centrales*, à propos des :
   - attitudes sur les répercussions de l'étalement des congés sur la vie des services et la vie familiale des salariés ;
   - propositions pratiques sur l'organisation de l'étalement des congés.
3. *Questions finales*, à propos :
   - de la représentation des conséquences et perspectives du projet (pour l'entreprise et pour chacun) ;
   - de l'identification statistique des salariés.

2. Préparation du planning

- Passation individuelle, et retour sous enveloppe, par courrier interne.
- Délai de réponse : 15 jours.
- Lieu de dépôt des enveloppes de retour : urne dans hall du restaurant d'entreprise.

3. Etude de la population

- Premier essai de sondage dans la société.
  Tous les salariés seront interviewés.
- Choix d'un style identique pour tous les textes d'information générale, article dans le journal d'entreprise, dans le préambule du questionnaire, chacune des questions du sondage.

Texte du questionnaire

INFORM

Service Ressources humaines

PRÉAMBULE

Pour faire face aux demandes de l'exportation et s'adapter progressivement aux réalités du marché 1993, la direction générale de la société Inform envisage l'ouverture de l'entreprise au mois d'août. Dans cette perspective, l'établissement d'un roulement de présence pendant les mois d'été et d'un étalement des congés est susceptible d'être mis en place.

Afin de recueillir vos premières réactions concernant ce projet, nous vous demandons de bien vouloir répondre avec sincérité au questionnaire suivant.

Ce questionnaire restera strictement anonyme

Pour la plupart des questions, il vous suffit de répondre en entourant la ou les réponses qui correspondent à votre choix.

Une urne sera disposée dans le hall du restaurant à partir de mardi en quinze, pour recueillir les enveloppes contenant votre questionnaire entièrement rempli.

1. L'ouverture du marché 1993 va entraîner des modifications dans le monde de l'entreprise. Selon vous, quelle en sera l'ampleur ? (entourer le numéro correspondant à votre choix).

TRÈS FAIBLE	1	2	3	4	5	6	7	TRÈS IMPORTANTE

2. Cette perspective :
   - vous motive
   - vous inquiète
   - vous laisse indifférent
3. En vue de ce nouveau marché, la prise de dispositions particulières à Inform, dont l'ouverture en août, est :
   - tout à fait nécessaire
   - plutôt nécessaire
   - peu nécessaire
   - pas du tout nécessaire

4. Dans cette perspective, êtes-vous...

plutôt favorable	ou	*plutôt défavorable*
Passer à a)		Passer à b)

... à l'étalement des congés sur toute l'année ?

a) *Si plutôt favorable*

Quand prendriez-vous vos congés ?

Répartissez vos 5 semaines de congés dans le calendrier ci-dessous en sachant qu'une case représente une semaine et que vous ne pouvez pas prendre plus de 3 semaines à la suite :

JANVIER	FÉVRIER	MARS	AVRIL
☐☐☐☐	☐☐☐☐	☐☐☐☐	☐☐☐☐
MAI	**JUIN**	**JUILLET**	**AOÛT**
☐☐☐☐	☐☐☐☐	☐☐☐☐	☐☐☐☐
SEPTEMBRE	**OCTOBRE**	**NOVEMBRE**	**DÉCEMBRE**
☐☐☐☐	☐☐☐☐	☐☐☐☐	☐☐☐☐

b) *Si plutôt défavorable*

Dites pourquoi en choisissant une ou plusieurs raisons parmi les suivantes (entourer les numéros correspondant à votre choix).

[1] mes congés ne s'accorderont pas avec ceux de mon conjoint

[2] mes charges de travail seront trop lourdes pendant l'absence de mes collègues

[3] les plannings de vacances vont être difficiles à mettre en place

[4] autre raison, précisez votre pensée : ....

5. A votre avis, l'étalement des congés débouchera sur... (entourer les numéros correspondant à votre choix)

[1] moins de routine et plus d'autonomie dans les tâches (parce qu'amené(e) à suppléer aux tâches des collègues en leur absence)

[2] de plus larges opportunités quant aux dates des congés

[3] une amélioration des conditions de travail (moins de stress et de fatigue, les gens pouvant répartir leurs congés quand ils le désirent...)

4 le développement de l'entreprise sur le plan international

5 des perspectives de perfectionnement personnel (formation aux langues, à d'autres techniques...)

6 autre, quoi ?

Identification statistique

Sexe ☐ homme ☐ femme
Age ☐ – 25 ans ☐ 25-35 ans
☐ 35-50 ans ☐ + 50 ans

Situation de famille

☐ célibataire
☐ marié(e) ou vivant maritalement
☐ nombre d'enfant(s) d'âge scolaire

Fonction ☐ cadre, cadre supérieur
☐ cadre ingénieur
☐ agent technique
☐ agent administratif
☐ agent de service

Service

☐ technique ☐ administratif ☐ entretien et sécurité

Ancienneté

☐ – d'un an ☐ 1 à 5 ans
☐ 5 à 10 ans ☐ 10 à 15 ans
☐ + de 15 ans

Conclusion

Au terme de cet ouvrage, plusieurs recommandations :

1) Le lecteur aura compris que les exemples d'applications ont été choisis de façon à servir le mieux possible la démonstration et qu'il pourra utiliser chaque technique psychosociale dans d'autres domaines : il est certain qu'un entretien de groupe conviendra aussi à un recrutement, qu'un questionnaire pourra également être monté pour évaluer une formation, de même qu'un entretien individuel valorisera une recherche d'appréciation du travail, etc.

2) Vous ne tenez pas en main un livre de recettes à appliquer telles quelles. Si l'auteur a développé des exemples très détaillés, c'est en vue d'aider son lecteur à être opérationnel dès le départ de son activité de ressources humaines, en adaptant le schéma proposé à l'entreprise dans laquelle il opère, mais il lui conseille aussi de garder présent à l'esprit que :

- chaque terrain d'application est unique, ne ressemblant à aucun autre. Dans cette perspective, il est impératif de tenir compte de ses déterminismes propres quand il s'agit d'y travailler ;
- les techniques psychosociales, même si elles adoptent des méthodes logiques, voire mathématiques, parce qu'elles s'appuient sur l'humain, donnent lieu à un « retour » ni mécanique ni prévisible : il est tout aussi impératif de veiller à son émergence et de le gérer en l'intégrant dans le plan de travail ;
- l'acquisition d'une expérience personnelle dans le domaine des ressources humaines (comme dans les autres) s'acquiert au fil des opérations... et des années, en essayant de ne pas s'écarter ni d'oublier les théories originelles.

AUX ÉDITIONS D'ORGANISATION

Arnaud d'ABOVILLE et Marie-Madeleine BERNIE
Guide pratique du recrutement en PME – Entreprise et candidats : une rencontre

Alain BAPTISTE, Claire BELISLE et Claudine VACHERET
Photolangage® – une méthode pour communiquer en groupe par la photo.
Dossier photolangage – Corps et communication
Dossier photolangage – Des choix personnels aux choix professionnels

Jean-Pierre CHATELET et Louis LEGRAND
40 exercices et tests pour trouver un emploi

Jean-Pierre DOURY
L'art de mener un entretien de recrutement : décelez la perle rare

Paul DUPOUEY
L'approche qualité en éducation et formation continue

Jean-Pierre PECOUL
Propos d'un recruteur à un jeune diplômé : ce qui vous attend et que l'on ne vous a jamais enseigné

François PROUST et Patrick POSSE
Précis de jeux de rôles

Camille RONDIER-PERTUISOT et Colas RIST
41 fiches d'initiation à l'écriture créative

HORST H. SIEWERT
Les tests de personnalité : se connaître pour réussir

LES ÉDITIONS
D'ORGANISATION
UNIVERSITÉ

Les ouvrages publiés par Les Editions d'Organisation-Université prennent en compte les besoins réels de lecture des étudiants dans le processus d'appropriation des savoirs et des savoir-faire. Ils allient la rigueur et le pragmatisme.

Les Éditions d'Organisation-Université publient des livres qui conduisent à

Découvrir
Réfléchir
Retenir
Agir
Pour réussir

Elles ont regroupé leurs livres pour les étudiants dans cinq collections.

▲ La Collection « Travail à Grande Efficacité ».

Cette collection met à la disposition des étudiants des outils de travail clairs, synthétiques, simples et pratiques qui leur permettent de comprendre parfaitement le contenu de leurs cours, de les mémoriser avec facilité et les aident à résoudre les exercices ou les cas qui leur sont proposés

aux examens. Selon les sujets traités, les ouvrages se présentent comme des questions de cours, des questions d'examen rédigées, des études de cas traitées, des exercices accompagnés d'une méthode de résolution et de corrigés.
Les livres de cette collection s'adressent plus particulièrement aux étudiants des BTS, des IUT, des premiers cycles universitaires, de l'expertise comptable, des écoles de commerce, de gestion et de communication et des IAE.

▲ La Collection « Méthod' Sup »

Elle a pour objectif de donner aux étudiants des méthodes de travail adaptées et opérationnelles leur permettant de préparer intelligemment leurs examens et de s'organiser avec efficacité pour l'ensemble de leur vie étudiante et de leur travail universitaire.
Un acquis méthodologique qui sera un précieux atout pour leur future activité professionnelle.

▲ La Collection « Campus Entreprise-Université »

Elle présente des livres innovateurs, de synthèse et de référence sur des problèmes de fond et d'actualité. Située à l'interface Université-Entreprise, elle traite avec rigueur et pédagogie de thèmes transdisciplinaires en intégrant les derniers développements de la recherche appliquée pour contribuer à l'état de l'art en sciences de gestion. Elle intéresse donc tant les étudiants que les enseignants et les professionnels cultivés et de haut niveau.

▲ La Collection « Les Classiques EO »

La collection « Les Classiques EO » présente des ouvrages de référence. Parce que ces textes ont marqué leur époque, ils ont jalonné l'histoire des connaissances, des idées et des techniques. Alors qu'ils étaient devenus introuvables, leur nouvelle édition les situe à la fois par rapport à leur contexte d'origine et aux évolutions actuelles.

▲ La Collection « EO-Sup »

Elle permet aux Éditions d'Organisation de jouer leur rôle de carrefour en s'adressant à la fois aux étudiants, aux enseignants et aux professionnels avec des ouvrages de réflexion, précis et pédagogiques qui tiennent compte des évolutions constantes des réalités économiques et professionnelles.

Composé par P.C.A.
Bouguenais (L.-A.)
Achevé d'imprimer sur les presses
de l'imprimerie Laballery
N° d'éditeur : 1254
N° d'imprimeur : 201077
Dépôt légal : février 1992

Imprimé en France